国家出版基金项目
NATIONAL PUBLICATION FOUNDATION

"认识中国·了解中国"书系
"十三五"国家重点出版物出版规划项目



# 中国新时代

辛向阳 著

中国人民大学出版社
·北京·

# 序　言

2017 年 1 月，习近平在瑞士达沃斯出席世界经济论坛 2017 年年会开幕式并发表主旨演讲时，引用了英国作家狄更斯的一句名言，“这是最好的时代，也是最坏的时代”。狄更斯在《双城记》一书中开篇即言：“这是最好的时代，也是最坏的时代；是智慧的时代，也是愚蠢的时代；是信仰的时代，也是怀疑的时代；是光明的季节，也是黑暗的季节；是充满希望的春天，也是令人绝望的冬天；我们的前途拥有一切，我们的前途一无所有；我们正走向天堂，我们也正直下地狱。”这句话反映了英国工业革命后社会的矛盾状况。这样的矛盾，马克思在 19 世纪 50 年代已经用科学的理论做了阐述：“在我们这个时代，每一种事物好像都包含有自己的反面。我们看到，机器具有减少人类劳动和使劳动更有成效的神奇力量，然而却引起了饥饿和过度的疲劳。财富的新源泉，由于某种奇怪的、不可思议的魔力而变成贫困的源泉。技术的胜利，似乎是以道德的败坏为代价换来的。随着人类愈益控制自然，个人却似乎愈益成为别人的奴隶或自身的卑劣行为的奴隶。甚至科学的纯洁光辉仿佛也只能在愚昧无知的黑暗背景上闪耀。我们的一切发明和进步，似乎结果是使物质力量成为有智慧的生命，而人的生命则化为愚钝的物质力量。”① 历史过去一个半多世纪

① 马克思，恩格斯. 马克思恩格斯选集：第 1 卷. 3 版. 北京：人民出版社，2012：776.

了，人类发展到底进入了什么时代？这些矛盾由于资本主义的存在依旧存在着。2017 年，在第 72 届联合国大会上的发言中，特朗普说：我们生活在一个有着空前机遇的时代。科技和医药的突破帮助我们治疗了前代未能治疗的疾病，解决了前代未能解决的难题。每天都带来新的与日俱增的危险，威胁着我们珍视的一切，恐怖分子、极端分子力量不断增强，散布到地球上的每个地区。

## 一、站在经济全球化发展规律的角度看，人类正在进入一个新的经济全球化时代

从大航海时代以来，世界市场是怎么发展的？经历了什么样的阶段？中国与世界的关系在这种发展中是如何变化的？这些都是深层次的问题。2016 年 1 月 18 日，在省部级主要领导干部学习贯彻党的十八届五中全会精神专题研讨班上的讲话中，习近平将经济全球化大致概括为三个阶段：一是殖民扩张和世界市场形成阶段，西方国家靠巧取豪夺、强权占领、殖民扩张，到第一次世界大战前基本完成了对世界的瓜分，世界各地区各民族都被卷入资本主义世界体系之中。二是两个平行世界市场阶段，第二次世界大战结束后，一批社会主义国家诞生，殖民地半殖民地国家纷纷独立，世界形成社会主义和资本主义两大阵营，在经济上则形成了两个平行的市场。三是经济全球化阶段，随着冷战结束，两大阵营对立局面不复存在，两个平行的市场随之不复存在，各国相互依存大幅加强，经济全球化快速发展演化。与之相对应，中国同世界的关系也经历了三个阶段：一是从闭关锁国到半殖民地半封建社会阶段，先是隔绝于世界市场和工业化大潮，后是成为积贫积弱的国家。二是“一边倒”和封闭半封闭阶段。三是全方位对外开放阶段，实现了我国同世界关系的历史性变革。

这些具有历史哲学视野的概括，不仅透彻地概括了经济全球化的历程以及中国与世界关系的变迁规律，而且为中国未来发展指明了方向。当前，中国的全方位对外开放遇到了新的挑战，我认为，当前的世界经济在有些方面出现了两个隐形的平行世界市场。

第一，市场经济有社会主义市场经济与资本主义市场经济之分。我们的市场经济是社会主义市场经济，这与资本主义市场经济是有区别的。我们的市场经济强调达己也达人，资本主义市场经济是损不足以奉有余。这两种市场经济在经济全球化过程中会发生矛盾甚至冲突。一个重要表现就是以少数西方国家安全为名禁止诸如华为这样的企业进行正常的投资和并购。近年来，美国对于中国高科技产业迅猛发展和中美核心竞争力此消彼长的趋势越来越关注。美国国内的共识是，美国需要运用贸易和投资措施来保护其在高科技领域的竞争优势，阻止中国企业和政府获取美国技术。2017 年 11 月，美国国会美中经济与安全审查委员会发布 2017 年度报告，其中关于中国对美投资部分的工作建议限制中国国有资本对美投资和限制中国对美高科技产业投资的意图十分明显。该报告建议禁止中国国有或国家控制实体（包括主权财富基金）收购美国资产；指出美国国土安全部、商务部、国防部应当制定并定期更新中国实体不得收购或投资的美国关键技术或基础设施清单，以保护美国经济安全和国家安全；要求对于任何中国实体提出的收购美国媒体资产的动议，都要在评估过程中考虑收购方执行中国共产党舆论宣传目标的历史和影响美国公众意见的潜力。2018 年 10 月 4 日，美国副总统彭斯在哈德逊研究所就美国政府的中国政策问题发表演说时，指责中国的社会主义市场经济。他说："苏联垮台之后，我们认为中国将不可避免地成为自由国家。带着这份乐观，美国在 21 世纪前夕向中国敞开大门，将中国纳入世界贸易组织。此前的政府做出这个决定，希望中国的自由蔓延到各个领域——不仅仅是经济，更是政治上，希望中国尊重传统的自由主义原则，尊重私人财产、个人自由和宗教自由，尊重人权。但是这个希望落空了。"他无端指责中国共产党使用了与自由公平贸易不符的一系列政策，包括关税、配额、货币操纵、强制技术转移、知识产权盗窃以及工业补贴。这些无稽之谈反映了西方国家对中国社会主义市场经济的态度。

第二，西方对中国的市场经济一直设有各种隐性的壁垒。一方面，不承认中国的市场经济地位，指责中国是国家资本主义，采取各种关税政策打压中国的市场经济，如美国2018年9月24日实施的2 000亿美元加征关税政策以及2019年采取的关税措施。另一方面，设置各种隐性规则和障碍，以非市场经济的不公平的方式禁止对中国的高科技贸易。从70年前的巴黎统筹委员会（简称“巴统”）到20多年前的《瓦森纳协定》，一条主线就是禁止向中国转让高技术。“巴统”的正式名字是“输出管制统筹委员会”，是1949年11月在美国的提议下秘密成立的，是第二次世界大战后西方发达工业国家在国际贸易领域中纠集起来的一个非官方的国际机构，其宗旨是限制成员国向社会主义国家出口战略物资和高技术产品。被“巴统”列为禁运对象的不仅有社会主义国家，还包括一些民族主义国家，总数共约30个。“巴统”的组织机构有：（1）咨询小组。这是“巴统”的决策机构，由各成员国的高级官员组成。（2）调整委员会。1950年成立。这是对苏联和东欧国家实行禁运的执行机构。（3）中国委员会。1952年成立。这是对中国实行禁运的执行机构。“巴统”执行对社会主义国家的禁运政策。禁运产品有三大类，包括军事武器装备、尖端技术产品和战略产品。禁运货单有四类：（1）Ⅰ号货单为绝对禁运者，如武器和原子能物质。（2）Ⅱ号货单属于数量管制者。（3）Ⅲ号货单属于监视项目。（4）中国禁单，即对中国贸易的特别禁单，该禁单所包括的项目比苏联和东欧国家所适用的国际禁单项目多500余种。随着苏东剧变，1994年4月1日“巴统”宣布正式解散。但很快，《瓦森纳协定》出台。在美国的操纵下，1996年7月，以西方国家为主的33个国家在奥地利维也纳签署了《瓦森纳协定》，决定从1996年11月1日起实施新的控制清单和信息交换规则。该协定包含两份控制清单：一份是军民两用商品和技术清单，涵盖了先进材料、材料处理、电子器件、计算机、电信与信息安全、传感与激光、导航与航空电子仪器、船舶与海事设备、推进系统等 9 大类；另一份是军品清单，涵盖了各类武器弹药、设备及作战平台等共 22 类。中国同样在被禁运国家之列。也就是说，中国想通过正常的市场经济手段很难获取高技术。

中国的对外开放就是要打破这种隐性的壁垒，使两个市场真正能够融合。因为经济全球化，全球的很多领域正在出现中国化的局面，这是谁也无法改变的趋势。

全球商品中国化：无所不在的中国制造。2017 年中国货物贸易进出口总值为 27.79 万亿元人民币。中国在 2001 年底正式加入世界贸易组织的当月，出口额为 245.03 亿美元。数据显示，2018 年 5 月的单月出口额为 2 128.7 亿美元，增幅相比刚入世贸组织的当月增长了 768.75%。2019 年，中国货物贸易进出口总值为 31.54 万亿元人民币，约为 4.49 万亿美元。

全球投资中国化：无处不在的中国企业。2003—2016 年，中国对外投资复合增长率是 35%，年度同比增长率最高达到 123%(2005 年)，2017 年中国对外直接投资流量为 1 582.9 亿美元。截止到 2017 年底，我国对外直接投资存量为 1.8 万亿美元，境外资产总额超过 7 万亿美元。习近平总书记 2017 年 11 月 10 日在越南指出：未来 15 年，中国对外投资总额将达到 2 万亿美元。中国目前在全世界 160 多个国家和地区拥有超过 4 万家非金融实体企业，仅在美国就有 3 000 余家。

全球文化中国化：无处不有的中国声音。截至 2017 年底，全球已经有 146 个国家和地区建立了 525 所孔子学院和 1 113 个中小学孔子课堂。仅在“一带一路”沿线国家中，就有 51 个国家设立了 138 所孔子学院和 135 个孔子课堂。

全球流动中国化：无处不有的中国身影。2017 年全年，中国公民出境旅游人数 13 051 万人次，2019 年超过 1.5 亿人次。习近平在 2016 年亚太经合组织（APEC）工商领导人峰会上发表主旨演讲时指出，预计未来 5 年，中国出境旅游将达到 7 亿人次。

## 二、从中华民族发展历史的角度看，新时代是实现中华民族伟大复兴的中国梦、为人类做出更大贡献的时代

这个新时代，是承前启后、继往开来、在新的历史条件下继续夺取中国特色社会主义伟大胜利的时代，是决胜全面建成小康社会、进而全面建设社会主义现代化强国的时代，是全国各族人民团结奋斗、不断创造美好生活、逐步实现全体人民共同富裕的时代，是全体中华儿女勠力同心、奋力实现中华民族伟大复兴中国梦的时代，是我国日益走近世界舞台中央、不断为人类做出更大贡献的时代。

新时代是承前启后、继往开来、在新的历史条件下继续夺取中国特色社会主义伟大胜利的时代。改革开放 40 多年来，我们始终稳步走在中国特色社会主义大路上，我们一直在描绘着中国特色社会主义这一宏伟蓝图，续写着一篇大文章。从党的十三大到十九大报告的题目中可见一斑。

十三大报告的题目是：《沿着有中国特色的社会主义道路前进》。

十四大报告的题目是：《加快改革开放和现代化建设步伐　夺取有中国特色社会主义事业的更大胜利》。

十五大报告的题目是：《高举邓小平理论伟大旗帜　把建设有中国特色社会主义事业全面推向二十一世纪》。

十六大报告的题目是：《全面建设小康社会　开创中国特色社会主义事业新局面》。

十七大报告的题目是：《高举中国特色社会主义伟大旗帜　为夺取全面建设小康社会新胜利而奋斗》。

十八大报告的题目是：《坚定不移沿着中国特色社会主义道路前进　为全面建成小康社会而奋斗》。

十九大报告的题目是：《决胜全面建成小康社会 夺取新时代中国特色社会主义伟大胜利》。

新时代是决胜全面建成小康社会，进而全面建设社会主义现代化强国的时代。（1）全面建成小康社会。党的十九大报告指出：从现在到 2020 年，是全面建成小康社会决胜期。要按照党的十六大、十七大、十八大提出的全面建成小康社会各项要求，紧扣我国社会主要矛盾变化，统筹推进经济建设、政治建设、文化建设、社会建设、生态文明建设，坚定实施科教兴国战略、人才强国战略、创新驱动发展战略、乡村振兴战略、区域协调发展战略、可持续发展战略、军民融合发展战略，突出抓重点、补短板、强弱项，特别是要坚决打好防范化解重大风险、精准脱贫、污染防治的攻坚战，使全面建成小康社会得到人民认可、经得起历史检验。（2）基本实现现代化。从 2020 年到 2035 年，在全面建成小康社会的基础上，再奋斗 15 年，基本实现社会主义现代化。到那时，我国经济实力、科技实力将大幅跃升，跻身创新型国家前列；人民平等参与、平等发展权利得到充分保障，法治国家、法治政府、法治社会基本建成，各方面制度更加完善，国家治理体系和治理能力现代化基本实现；社会文明程度达到新的高度，国家文化软实力显著增强，中华文化影响更加广泛深入；人民生活更为宽裕，中等收入群体比例明显提高，城乡区域发展差距和居民生活水平差距显著缩小，基本公共服务均等化基本实现，全体人民共同富裕迈出坚实步伐；现代社会治理格局基本形成，社会充满活力又和谐有序；生态环境根本好转，美丽中国目标基本实现。（3）建成现代化强国。从 2035 年到本世纪中叶，在基本实现现代化的基础上，再奋斗 15 年，把我国建成富强民主文明和谐美丽的社会主义现代化强国。到那时，我国物质文明、政治文明、精神文明、社会文明、生态文明将全面提升，实现国家治理体系和治理能力现代化，成为综合国力和国际影响力领先的国家，全体人民共同富裕基本实现，我国人民将享有更加幸福安康的生活，中华民族将以更加昂扬的姿态屹立于世界民族之林。

新时代是全国各族人民团结奋斗、不断创造美好生活、逐步实现全体人民共同富裕的时代。解决好人民群众对美好生活向往的问题是我们党始终强调的一个主题。改革开放 40 多年来，我国稳定解决了十几亿人的温饱问题，总体上实现小康，不久将全面建成小康社会，人民的美好生活需要日益广泛，不仅对物质文化生活提出了更高要求，而且在民主、法治、公平、正义、安全、环境等方面的要求日益增长。同时，我国社会生产力水平总体上显著提高，社会生产能力在很多方面进入世界前列，更加突出的问题是发展不平衡不充分，这已经成为满足人民日益增长的美好生活需要的主要制约因素。人民群众物质文化需要的内涵和领域不断扩大，从基本物质文化需要向多样化需要扩展。人民群众需要的一个新的增长领域就是信息服务。要适应这一需求，加快信息化服务普及，降低应用成本，为老百姓提供用得上、用得起、用得好的信息服务，让亿万人民在共享互联网发展成果上有更多满足感。

新时代是全体中华儿女勠力同心、奋力实现中华民族伟大复兴中国梦的时代。2013 年 5 月 4 日，习近平在同各界优秀青年代表座谈时指出：中国梦是历史的、现实的，也是未来的。中国梦凝结着无数仁人志士的不懈努力，承载着全体中华儿女的共同向往，昭示着国家富强、民族振兴、人民幸福的美好前景。党的十九大报告指出：中国梦是历史的、现实的，也是未来的；是我们这一代的，更是青年一代的。中华民族伟大复兴的中国梦终将在一代代青年的接力奋斗中变为现实。

新时代是我国日益走近世界舞台中央、不断为人类做出更大贡献的时代。我们党从人类社会发展规律出发，从国际政治经济秩序和世界格局演变的大趋势出发，从各国人民共同利益出发，强调构建新型国际关系和人类命运共同体。这是根本变革国际关系的新思想。党的十九大报告指出：必须统筹国内国际两个大局，始终不渝走和平发展道路、奉行互利共赢的开放战略，坚持正确义利观，树立共同、综合、合作、可持续的新安全观，谋求开放创新、包容互惠的发展前景，促进和而不同、兼收并蓄的文明交流，构筑尊崇自然、绿色发展的生态体系，始终做世界和平的建设者、全球发展的贡献者、国际秩序的维护者。

中国歌手王丽达有一首歌叫《中国进入新时代》，歌词如下：

我们的热望　从百年风雨传来
我们的梦想　从没像今天这么精彩
复兴的民族　站在历史新起点
中国的声音　正响彻国际舞台

正是如此，我们每一个人都是新时代的创造者、见证者，我们要不断进取，为新时代增添动力。

# 目 录

# China's **New Era**

China's New Era

# 第一章

# 历史变革依据：中国特色社会主义进入新时代

# 1 历史变革依据：中国特色社会主义进入新时代

2017 年 10 月，中国共产党第十九次全国代表大会召开。习近平同志在所做的报告中指出，党的十八大以来的五年，我们取得了改革开放和社会主义现代化建设的历史性成就，推动党和国家事业发生历史性变革。所谓“历史性”，表明了党的十八大以来的成就和变革的极不平凡性、极不寻常性和极为难得性，表现在成就和变革具有历史性内容、历史性特征、历史性意义上。这些历史性成就、历史性变革使中国特色社会主义进入新时代。

## 一、什么变了：党的十八大以来的成就和变革的历史性内容

党的十八大以来的历史性成就和历史性变革，涵盖了从生产力到生产关系、从经济基础到上层建筑的整个社会运动系统，从而实现了社会整体的历史性发展。

### （一）生产力提质了

2017 年 5 月，北京外国语大学发起了一个留学生民间调查，来自“一带一路”沿线国家的 20 个青年投票选出了心中的“中国新四大发明”——高铁、网购、支付宝和共享单车，这也是他们最想带回祖国的生活方式。这个票选结果得到彼得（Peter）的认可：“这四样东西改变了人们的生活。”他称，最让他觉得惊讶的是高铁。“我的家在欧洲最东边，如果我想去西边的巴黎，距离相当于北京到上海，大概需要一天的时间才能到，但是北京到上海只需要半天就可以了。我很希望欧洲也能有这样的高铁线路。”他回忆道，第一次乘坐高铁是从北京到天津，“感觉还没坐稳，就已经到站了，太让我惊讶了”。相比欧洲，彼得更喜欢这种快节奏的生活。

中国的“新四大发明”目前是什么状况呢？中国的高铁到 2019 年底已经有 3.2 万公里的线路，主要的大中城市都会融入高铁网。

2018 年 5 月，由中国商务部电子商务和信息化司发布的《中国电子商务报告 2017》显示，2017 年中国电子商务交易额达 29.16 万亿元人民币，同比增长 11.7%。其中，服务类电子商务交易额 4.96 万亿元，同比增长 35.1%，比上年提高 13.2 个百分点。中国网上零售额达 7.18 万亿元，同比增长 32.2%，连续多年成为全球规模最大的网络零售市场。与此同时，移动网络市场规模继续保持高速增长，移动端购物正在成为网络消费的主要方式。统计数据显示，中国移动支付的使用率高达 70%，在支付宝账单上，“90 后”人群所占的移动支付比例竟高达 91%。目前，中国最常使用的第三方支付平台是支付宝、微信支付、银联、Apple Pay、快钱等，这几家支付平台占据了移动支付市场的大半壁江山。2017 年，中国非银行支付机构在线支付金额达 143.26 万亿元，同比增长 44.32%。2018 年 7 月 3 日，第三方研究机构 Analysys 易观对外发布《中国第三方支付移动支付市场 2018 年第 1 季度监测报告》，数据显示，2018 年第 1 季度，中国第三方支付移动支付市场交易规模达到约 40.4 万亿元人民币，环比增长 6.99%。2018 年 2 月 6 日，中国信息通信研究院和北大光华- ofo 小黄车共享经济研究中心共同发布的《2017 年共享单车经济社会影响报告》显示，截至 2017 年底，我国共享单车投放量超 2 500 万辆，覆盖超过 200 个城市。2017 年共享单车企业共下达订单 3 000 万辆，有效化解过剩产能，为传统自行车产业创造了新空间。2017 年，全行业累计注册用户增至 2.21 亿人，行程长达 299.47 亿公里。该报告还指出，2017 年，共享单车共计为中国社会经济贡献 2 213 亿元（人民币，下同），包括提升民生福祉（1 458 亿元）、创造社会福利（301 亿元）、赋能传统产业（222 亿元）、拉动新兴产业（232 亿元）等。

这些现象表明中国的生产力有很大的变化。生产力决定生产关系，经济基础决定上层建筑，党的十八大以来，“经济保持中高速增长，在世界主要国家中名列前茅，国内生产总值从五十四万亿元增长到八十万亿元，稳居世界第二，对世界经济增长贡献率超过百分之三十”[①]。到 2019 年底，国内生产总值突破 100 万亿元人民币。量的扩张背后则是生产力水平的显著提升。

生产力包括劳动者、以生产工具为主的劳动资料、劳动对象这三个基本要素和渗透于基本要素之中的科学技术。其中，具有一定生产经验和劳动技能的劳动者是生产力结构中能动的决定性因素，生产工具是生产力发展水平的主要标志，劳动对象的扩大和合理利用程度是生产力发展水平的重要标志，科学技术在现代社会日益成为先进生产力的集中体现和重要标志。在劳动者方面，2013—2016 年，我国常住人口城镇化率由 53.7%上升到 57.4%，城镇新增就业保持在每年 1 300 万人以上[②]。在现代社会，劳动者的质量比数量在生产力增长中起着更为活跃的作用，随着教育事业的发展，我国劳动者的素质也有了明显提高。在劳动资料和劳动对象以及科学技术方面，2013—2016 年，高技术产业增加值占规模以上工业增加值比重由 9.9%提高到 12.4%，而单位国内生产总值能耗累计下降 17.9%[③]。创新型国家建设成果丰硕，天宫、蛟龙、天眼、悟空、墨子、大飞机等重大科技成果相继问世[④]。党的十八大以来，生产力水平的显著提升，不是生产力结构中哪个要素的单独发展，而是生产力诸要素的总体发展、综合发展，特别是一些关键性因素突破性、爆发性的发展，体现了生产力方面的历史性成就和历史性变革。

## （二）生产关系完善了

生产关系在社会整体运动系统中的承上启下作用在很大程度上塑造着整个国家和社会的面貌。党的十八大以来，我们坚持和完善公有制为主体、多种所有制经济共同发展的基本经济制度，毫不动

① 习近平. 决胜全面建成小康社会 夺取新时代中国特色社会主义伟大胜利. 北京：人民出版社，2017：3.

②③ 本书编写组. 党的十九大报告辅导读本. 北京：人民出版社，2017：23.

④ 同①.

摇巩固和发展公有制经济，毫不动摇鼓励、支持、引导非公有制经济发展。生产关系方面的历史性成就和历史性变革，表现在巩固和完善了社会主义初级阶段的生产关系，并为其向下一个阶段发展准备了条件。

(1) 国有企业改革扎实推进。习近平总书记多次强调要做强做优做大国有企业。2015 年 8 月，中共中央、国务院发布《关于深化国有企业改革的指导意见》，基本原则的第一条就明确指出要“坚持公有制主体地位，发挥国有经济主导作用，积极促进国有资本、集体资本、非公有资本等交叉持股、相互融合，推动各种所有制资本取长补短、相互促进、共同发展”①。全面深化国有企业改革在提高国有资本效率、建立中国特色现代国有企业制度、进行混合所有制改革、加强国有资产监管和防止国有资产流失等方面的实践探索，为巩固和完善社会主义初级阶段基本经济制度做出了历史性贡献。

(2) 土地确权流转政策和集体产权制度改革有序进行。在农村和农业生产关系方面，党的十八大以来实行了土地确权流转政策和集体产权制度改革。2013 年中央农村工作会议指出，“土地承包经营权主体同经营权主体发生分离，这是我国农业生产关系变化的新趋势，对完善农村基本经营制度提出了新的要求”②。农民承包土地的三权分置和土地经营权的确权登记，促进了农村土地经营权（使用权）的流转，激发了农民搞好土地经营的热情，完善了农村土地集体所有制的有效实现形式。在积极发展农民股份合作、赋予农民集体资产股份权能改革试点的基础上，中共中央、国务院 2016 年 12 月发布《关于稳步推进农村集体产权制度改革的意见》，明确指出：“农村集体产权制度改革是巩固社会主义公有制、完善农村基本经营制度的必然要求。”“坚持农民集体所有不动摇，不能把集体经济改弱了、改小了、改垮了，防止集体资产流失；坚持农民权利不受损，不能把农

① 中共中央国务院关于深化国有企业改革的指导意见. 人民日报，2015-09-14.

② 中央农村工作会议在北京举行. 人民日报，2013-12-25.

民的财产权利改虚了、改少了、改没了，防止内部少数人控制和外部资本侵占。”[①] 农村集体产权制度改革立足于保护农村集体资产，着眼于增加农民收入，致力于发展壮大农村集体经济，是巩固和完善农村社会主义初级阶段生产关系的重要举措。

（3）收入分配差距逐步缩小。在社会主义本质理论中，“消灭剥削，消除两极分化，最终达到共同富裕”是社会主义生产关系的题中应有之义。社会主义初级阶段虽然还不具备完全消除两极分化的条件，但如果对两极分化任由扩大而不加控制，显然与社会主义生产关系的要求相违背。党的十八大以来，我们坚持以人民为中心的发展思想，“收入分配差距逐步缩小，基尼系数由 2010 年的 0.481 降低到 2016 年的 0.465，中等收入群体逐步扩大。农村贫困人口由 2010 年的16 567万人减少到 2016 年的 4 335 万人，贫困发生率由 17.2%下降到 4.5%。社会保障实现全民覆盖，基本养老金等标准逐步提高”[②]。2019 年，绝对贫困人口下降到 1 000 万人，2020 年全部脱贫。生产关系方面的历史性成就和历史性变革，为实现全体人民共同富裕奠定了良好的基础。

## （三）政治上层建筑巩固了

上层建筑与一定的经济基础相适应，同时又反作用于经济基础。上层建筑包括政治上层建筑和观念上层建筑（意识形态），政治上层建筑指的是政治法律制度及设施。一个国家经济社会稳定发展一定离不开政治的上层建筑。不完善的法治体制会伤害经济社会发展。党的十八大以来政治上层建筑方面的历史性成就和变革顺应了经济基础的变革要求，又以自身的建设成就促进了经济基础的发展。

（1）法律制度建设。党的十八大以来我们高度重视法律制度建设。中国特色社会主义制度是当代中国发展进步的根本制度保障。党的十八届四中全会专题研究全面依法治国问题，通过了党的历史上第

---

① 中共中央国务院关于稳步推进农村集体产权制度改革的意见．人民日报，2016-12-30.

② 本书编写组．党的十九大报告辅导读本．北京：人民出版社，2017：170.

一个关于加强社会主义法治建设的历史性决定。党的十八大以来，我们不断完善和发展根本政治制度、基本政治制度、基本经济制度，在中国特色社会主义法律体系和各项具体制度建设方面成绩尤为显著。五年来，“十二届全国人民代表大会及其常委会新制定法律 20 件，通过修改法律的决定 39 件，涉及修改法律 100 件，废止法律 1 件，做出法律解释 9 件，有关法律问题的决定 34 件。2013 年以来，国务院共提请全国人大常委会审议法律议案 43 件，制定修订行政法规 43 部，根据‘放管服’改革要求，先后‘一揽子’修订行政法规 125 部；最高人民法院、最高人民检察院制定出台 133 项司法实践中急需的司法解释；有立法权的地方人大及其常委会制定地方性法规 4 000 余件”①。五年来，科学民主立法的加强、国家宪法日的设立、修改法律使重大改革于法有据、关于香港基本法的释法活动，体现了法律制度建设的历史性突破。同时，党内法规建设得到大力加强，制定了《中国共产党党内法规制定条例》和《中国共产党党内法规和规范性文件备案规定》，为党内法规制度体系建设提供了党内“立法法”；中央共出台或修订近 80 部党内法规，超过现有党内法规的 40%；分两个阶段集中清理了新中国成立至 2012 年 6 月期间党中央制定的法规和规范性文件 1 178 件，被废止和宣布失效的占到 58.7%②。大规模党内法规建设为全面从严治党提供了制度遵循，这是历史上从未有过的成就和变革。

（2）政治设施建设。党的十八大以来国家机器和政治组织建设迈出重大步伐。全面从严治党，马克思主义执政党建设成效显著；严厉惩治贿选，加强了人民代表大会建设；实行“放管服”改革，提升依法行政能力，加强了人民政府建设；加强政协委员和机关干部队伍建设，有效推进协商民主，人民政协建设得到发展；最高人民法院设立巡回法庭，设立知识产权法院，设立跨行政区划人民法院、人民检察

① 锻造治国重器，以良法促善治：党的十八大以来立法工作成就综述. 法制日报，2017-08-22.

② 刘金程. 十八大以来党内法规制度建设成效显著.（2017-09-07）. http://www.rmlt.com.cn/2017/0907/494405.shtml.

院，逐步推开司法权运行机制改革，司法机关建设取得突破；在全国范围建立国家监察委员会，实现对行使公权力的公职人员监察全面覆盖，建立集中统一、权威高效的监察体系；一度遭到严重破坏的政治生态得到有效治理、组织架构和制度体系实现革命性重塑、执行各类任务能力提升、武器装备加快发展、军事斗争准备取得重大进展，强军兴军开创新局面。

### （四）主流意识形态强劲了

意识形态由一定的经济基础所决定，并反作用于经济基础。党的十八大以来，党对意识形态工作的领导明显加强，马克思主义意识形态指导地位鲜明，意识形态建设取得历史性成就和历史性变革。

（1）党的理论创新全面推进。党的十八大以来，以习近平同志为核心的党中央坚持推进马克思主义中国化时代化大众化，根据新的实践推进党的理论创新，马克思主义精神生产空前繁荣：提出中华民族伟大复兴中国梦和“四个全面”战略布局；提出经济新常态和供给侧结构性改革，倡导创新、协调、绿色、开放、共享的新发展理念；提出蹄疾步稳推进全面深化改革，不断拓展改革广度和深度；提出全面依法治国，发展社会主义民主法治；充分阐发社会主义核心价值观；提出以人民为中心的发展思想，增强人民获得感、幸福感、安全感；提出着眼于实现中国梦强军梦，制定新形势下军事战略方针；提出牢牢掌握宪法和基本法赋予的中央对香港、澳门全面管制权；提出构建人类命运共同体，促进全球治理体系变革；提出全面从严治党的一系列思想。上述思想全面发展了中国特色社会主义理论体系，形成了习近平新时代中国特色社会主义思想。

（2）党在意识形态领域的主导权得到巩固。近年来世界范围内思想文化交流交融交锋频繁，境内外敌对势力加紧对我国进行意识形态渗透，各种错误思潮和趋势呈泛滥之势。以习近平同志为核心的党中央果断领导了意识形态方面的伟大斗争。2013 年 8 月召开的全国宣传思想工作会议强调，经济建设是党的中心工作，意识形态工作是党的一项极端重要的工作，宣传思想工作就是要巩固马克思主义在意识形态领域的指导地位，巩固全党全国人民团结奋斗的共同思想基础，并从基本要求、基本遵循、工作导向、对外宣传、人才队伍等方面阐述了做好宣传思想工作的重要举措①。党中央先后召开了文艺工作座谈会、全军政治工作会议、全国党校工作会议、新闻舆论工作座谈会、网络安全和信息化工作座谈会、哲学社会科学工作座谈会、全国高校思想政治工作会议，针对不同领域全面部署了宣传舆论工作和思想教育工作，坚决遏制了各种错误思潮的蔓延，党在意识形态领域的斗争取得了历史性成就。

## 二、激荡人心：党的十八大以来的成就和变革的历史性特征

党的十九大报告指出："五年来的成就是全方位的、开创性的，五年来的变革是深层次的、根本性的。"② 成就和变革是有机统一的，成就包括变革，变革是成就的重要内容，成就和变革都具有全方位、开创性、深层次、根本性，共同体现出了历史性特征。

### （一）全方位

党的十八大以来，党领导全国人民为全面建成小康社会进行了全方位的奋斗和变革，取得了全方位的成就。

（1）全方位的奋斗。五年来，我们在经济、政治、法治、科技、文化、教育、民生、民族、宗教、社会、生态文明、国家安全、国防和军队、"一国两制"和祖国统一、统一战线、外交、党的建设等各方

---

① 胸怀大局把握大势着眼大事　努力把宣传思想工作做得更好．人民日报，2013-08-21.

② 习近平．决胜全面建成小康社会　夺取新时代中国特色社会主义伟大胜利．北京：人民出版社，2017：8.

面进行了全方位变革，取得了全方位成就。全方位成就和变革可以从多角度反映出来，仅就全面深化改革来说，“几年来，习近平总书记亲自主持中央全面深化改革领导小组会议达 38 次之多，审议通过 360 多个重大改革方案，中央和国家有关部门共出台 1 500 多项改革举措，重要领域和关键环节改革取得突破性进展，主要领域改革主体框架基本确立”①。成就和变革的全方位特征由此可见一斑。党的十八大以来的成就和变革是全方位的、系统性的，从生产力这个社会历史发展的最根本动力到生产关系、经济基础、上层建筑全面发展，为我们系统总结和回答事关中国特色社会主义整体性的时代课题提供了充分的历史条件。

（2）全方位的成就。全方位的成就和变革，带来全方位的历史性变化：党的领导得到全面加强，党执政的政治基础得以厚植，党内政治生态得到改善，反腐败斗争取得压倒性胜利并巩固发展，破解历史周期率的探索取得重大成就，中国共产党的面貌发生了前所未有的变化；物质文明、政治文明、精神文明、社会文明、生态文明程度大幅提升，“和平的、可亲的、文明的狮子”形象得到塑造并赢得国际社会的尊重，社会主义国家的面貌发生了前所未有的改变；以人民为中心的发展理念得到贯彻，民生建设成就巨大，蓬勃朝气、昂扬锐气、浩然正气在人民群众中充盈，中国人民的面貌发生了前所未有的变化；人民军队“由内而外实现政治生态重塑、组织形态重塑、力量体系重塑、作风形象重塑”②，人民军队的面貌发生了前所未有的变化；党的民族政策和民族工作方针得到贯彻落实，港澳台工作取得新进展，华侨华人对中国特色社会主义的认同感增强，爱国统一战线得到巩固和发展，中华民族的面貌发生了前所未有的变化。

## （二）开创性

党的十八大以来，我们党面对新形势新问题新情况，“提出一系

① 本书编写组. 党的十九大报告辅导读本. 北京：人民出版社，2017：112.

② 同①48.

列新理念新思想新战略，出台一系列重大方针政策，推出一系列重大举措，推进一系列重大工作”[①]，取得了开创性的成就和变革。

（1）形成了开创性思路。党的十八大以来，为了实现全面建成小康社会的奋斗目标，以问题意识为导向，形成了许多开创性思路。提出实现中华民族伟大复兴中国梦，顺应人民群众实现“两个一百年”奋斗目标的热切期望；提出适应、把握、引领经济发展新常态，进行供给侧结构性改革；提出防止系统性金融风险发生，增强金融体系防控风险的能力；提出“扶贫先扶志”“扶贫必扶智”，精准扶贫、精准脱贫，在看真贫、扶真贫、真扶贫上下功夫；提出绝不能在根本性问题上出现颠覆性错误，保持了改革发展胆子要大、步子要稳的良好节奏；提出司法是维护社会公平正义的最后一道防线，指出要维护好公正这条法治的生命线；提出培育和践行社会主义核心价值观，找到了增强社会凝聚力的“最大公约数”；提出绿水青山就是金山银山，实现经济发展与生态保护的双促进；提出把军民融合发展上升为国家战略，逐步构建军民一体化的国家战略体系；强调正确理解“一国”与“两制”关系，牢固树立“一国”意识，坚守“一国”原则，使“一国两制”方针得到更加全面准确贯彻；提出构建人类命运共同体，促进全球治理体系的深刻变革；提出严肃党内政治生活，加强党内政治文化建设，不断培厚良好政治生态的土壤。

（2）实施了开创性举措。开创性成就和变革要靠开创性举措来实现，开创性思路要靠开创性举措来落实。党的十八大以来推出了一系列战略举措，如提出“四个全面”战略布局、“一带一路”倡议；出台了一系列重大方针政策，如深入推进供给侧结构性改革、实行市场准入负面清单制度、推进价格机制改革、建立公平竞争审查制度、实行产权保护制度、引导农村土地承包经营权有序流转以发展农业适度规模经营、推广自贸区试点经验、支持沿边重点地区开发开放、进行

---

① 习近平．决胜全面建成小康社会　夺取新时代中国特色社会主义伟大胜利．北京：人民出版社，2017：8.

司法体制改革等；稳步推进了一系列重大工作，如打赢扶贫攻坚战、推动京津冀协同发展、设立雄安新区等①。

（3）培育了开创性精神。党的十八大以来，在形成开创性思路、实施开创性举措的历史进程中培育了宝贵的开创性精神。恩格斯指出："所谓'社会主义社会'不是一种一成不变的东西，而应当和任何其他社会制度一样，把它看成是经常变化和改革的社会。"② 开创性精神是一种首创精神。党的十八大以来，我们既不走僵化封闭的老路，也不走改旗易帜的邪路，坚持政治定力，破解发展难题，在经济发展、科技创造、民主进步、法治彰显、环境治理、安全维护等方面，不断在体制、机制、技术上推陈出新，走出了一条成功的中国道路。开创性精神是一种斗争精神。党的十八大以来，我们旗帜鲜明地提出进行具有新的历史特点的伟大斗争：为了决胜全面建成小康社会而进行的自我革命、破除藩篱斗争，为了实现中华民族伟大复兴而进行的突破遏制、补齐短板斗争，为了坚持和发展中国特色社会主义而进行的坚定信念、创新创造斗争③。刹住歪风邪气、消除顽瘴痼疾、攻克发展难关、促进矛盾运动都需要进行伟大斗争，只有进行伟大斗争才能取得开创性成就和变革。

## （三）深层次

党的十八大以来的成就和变革具有深层次特征，即这些成就和变革既是具体的更是抽象的，其影响既是当前的更是长远的。深层次特征集中表现在增强了"四个自信"上。

（1）破解难题办成大事，增强了道路自信。党的十八大以来成就和变革的深层次特征，首先表现在解决了许多长期想解决而没有解决的问题，办成了许多过去想办而没有办成的大事。在发展中解决旧问

① 辛向阳，盛少清．深入把握十八大以来五年发展的极不平凡性．当代世界与社会主义，2017（5）．

② 马克思，恩格斯．马克思恩格斯选集：第4卷．3版．北京：人民出版社，2012：601．

③ 辛向阳．深刻认识新的伟大斗争的历史特点．人民日报，2016-05-11．

题的同时会产生新问题，而新问题仍然需要通过发展来解决，这是发展的辩证法。党的十八大以来，在改革城乡二元户籍制度、保护生态环境、保护产权、推进国防和军队改革、打破利益固化藩篱、解决司法案件中存在的不公正问题、解决党内存在的各种消极腐败问题等方面，我们破解难题办成了大事，彰显了中国特色社会主义道路是实现社会主义现代化、创造人民美好生活的必由之路，增强了道路自信。

（2）取得重大理论创新成果，增强了理论自信。党的十八大以来，党在结合新的时代条件的丰富实践中，形成了习近平新时代中国特色社会主义思想，系统回答了新时代坚持和发展什么样的中国特色社会主义、怎样坚持和发展中国特色社会主义的时代课题，是马克思主义在当代中国发展的典范。十八届中共中央政治局先后集体学习了历史唯物主义、辩证唯物主义、马克思主义政治经济学的原理和方法论，习近平总书记在主持集体学习时强调了学习马克思主义原理和方法论的重大意义，从多方面系统分析了如何运用马克思主义原理和方法论指导中国特色社会主义的发展。这一重大理论创新成果的深层次性，集中体现了中国共产党在系统、全面、深入地运用马克思主义原理和方法论指导中国特色社会主义建设方面已入佳境，增强了中国特色社会主义理论自信。

（3）制度成熟化定型化取得重要进展，增强了制度自信。实践无止境，改革无止境，中国特色社会主义制度也要不断完善发展；同时，又要经过努力，构建更加成熟更加定型的制度体系，这既是中国特色社会主义伟大事业的要求，也是制度自信的重要表现。党的十八大强调要构建系统完备、科学规范、运行有效的制度体系，使各方面制度更加成熟更加定型，十八届三中全会提出到2020年完成这个目标。通过全面深化改革，我国进一步完善了根本政治制度、基本政治制度、基本经济制度的实现形式，完善了中国特色社会主义法律体系，构建和完善了具体政治制度、经济制度、文化制度、社会制度，使中国特色社会主义制度成熟化定型化取得重要进展，使中国特色社会主义的制度保障更加有力，可谓是深层次的成就和变革。党的十九届四中全会又系统部署了中国特色社会主义制度建设的重大任务。

（4）发展中国特色社会主义文化，增强了文化自信。党的十八大以来，党中央高度重视文化建设，发展了中国特色社会主义文化理论，逐渐形成关于文化自信的思想。习近平总书记在十八届一中全会和十八届中共中央政治局第十二次集体学习时，两次强调“坚持走中国特色社会主义文化发展道路”，在纪念红军长征胜利80周年大会上的讲话中，第一次把中国特色社会主义文化与中国特色社会主义道路、理论体系、制度并列阐述。正是有了这些理论成果，党的十九大报告才能对中国特色社会主义文化的来源、内容、定位和发展中国特色社会主义文化的方针做出系统阐述，并在发展中国特色社会主义文化理论的过程中，形成关于文化自信的思想。习近平总书记指出，“我们说要坚定中国特色社会主义道路自信、理论自信、制度自信，说到底是要坚定文化自信。文化自信是更基本、更深沉、更持久的力量”①。他阐明了文化自信的深层含义。文化自信体现在人民文化消费的不断扩大上。2012年我国的电影票房收入是170.73亿元，之后每年都在迅速提高：2013年为217.69亿元，同比增长27.51%；2014年为296.30亿元，同比增长36.11%；2015年为440.69亿元，同比增长48.73%；2016年为457.12亿元，同比增长3.73%；2017年为559.11亿元，同比增长22.31%；2018年上半年已经达到320亿元，成为全世界第一大电影票房国家；2018年，我国全年电影票房收入超过600亿元，2019年则达到700多亿元，高居全球之首。2018年7月，电影《我不是药神》上映，票房突破30亿元人民币，题材引起人们热议，李克强总理就电影《我不是药神》引发舆论热议做出批示，要求有关部门加快落实抗癌药降价保供等相关措施。“癌症等重病患者关于进口‘救命药’买不起、拖不起、买不到等诉求，突出反映了推进解决药品降价保供问题的紧迫性。”② 总理在批示中

---

① 习近平．在哲学社会科学工作座谈会上的讲话．人民日报，2016-05-19.

② 李克强就电影《我不是药神》引热议做批示．中国政府网，2018-07-18.

指出，“国务院常务会确定的相关措施要抓紧落实，能加快的要尽可能加快”①。

### （四）根本性

党的十八大以来的成就和变革，推动了中国特色社会主义进入新时代，社会主要矛盾发生新变化，正是时代和社会主要矛盾的变化导致主要任务变化，各项举措随之发生相应变化。

（1）成就和变革推动进入新时代。党的十八大以来的成就和变革为中国特色社会主义进入新时代准备了必要的条件，奠定了坚实的基础。每个时代归根结底对应的是不同的生产力水平，经济总量的扩张、经济质量的提升、科学技术的进步为进入新时代提供了物质技术基础；社会主义民主形式的发展、社会主义民主实现程度的提高、社会主义法治国家的建设、党总揽全局协调各方为进入新时代提供了政治条件；一个时期以来党的领导被忽视、淡化的情况得到改变，党的领导全面加强，全党政治意识、大局意识、核心意识、看齐意识牢固树立，党的团结统一更加巩固，党的创造力、凝聚力、战斗力、领导力显著增强，为进入新时代提供了组织条件；民生建设成效显著，科教文卫事业全面发展，大众创业万众创新蔚然成风，群众性精神文明创建活动扎实开展，社会充满生机活力，为进入新时代提供了社会条件；马克思主义中国化时代化大众化深入推进，理论创新取得重大成果，马克思主义在意识形态领域的指导地位更加鲜明，为进入新时代提供了思想条件。

（2）成就和变革推动社会主要矛盾变化。中国特色社会主义进入新时代，我国社会主要矛盾已经转化为人民日益增长的美好生活需要和不平衡不充分的发展之间的矛盾。从社会需求方面来看，正是因为成就和变革满足了人民物质文化生活的基本需要，为人民的美好生活奠定了一定基础，人民才有可能在民主、法治、公平、正义、安全、

---

① 李克强就电影《我不是药神》引热议做批示．中国政府网，2018-07-18.

环境等方面提出日益增长的要求。从社会供给方面来看，正是因为成就和变革改变了社会生产普遍落后的状况，才凸显了发展不平衡不充分的问题。产能、总量、科技、脱贫、教育、就业、医疗卫生等方面都有了大幅改善和提高，继续称之为“落后的社会生产”已经与实际状况不相符合，同时，当代的发展在不同领域、不同部门、不同地区、不同阶层之间又表现出明显的不平衡、不充分的特点。社会主要矛盾的变化为主要任务的变化提出了要求、指明了方向。

# China's **New Era**

China's New Era

# 第二章

# 中国特色社会主义新时代的主要内涵和基本特征

# 2 中国特色社会主义新时代的主要内涵和基本特征

党的十九大报告提出：中国特色社会主义进入了新时代，这是我国发展新的历史方位。并且进一步指出：中国特色社会主义进入新时代，意味着近代以来久经磨难的中华民族迎来了从站起来、富起来到强起来的伟大飞跃，迎来了实现中华民族伟大复兴的光明前景；意味着科学社会主义在21世纪的中国焕发出强大生机活力，在世界上高高举起了中国特色社会主义伟大旗帜；意味着中国特色社会主义道路、理论、制度、文化不断发展，拓展了发展中国家走向现代化的途径，给世界上那些既希望加快发展又希望保持自身独立性的国家和民族提供了全新选择，为解决人类问题贡献了中国智慧和中国方案。站在全球发展和中华民族5 000多年文明史的角度看，中国特色社会主义新时代有着鲜明特征。

## 一、中国特色社会主义新时代是遵循人类发展规律、顺应历史发展潮流、彰显科学社会主义生命力的时代

2017年9月29日，习近平总书记在十八届中央政治局第四十三次集体学习时强调："尽管我们所处的时代同马克思所处的时代相比发生了巨大而深刻的变化，但从世界社会主义500年的大视野来看，我们依然处在马克思主义所指明的历史时代。"① 这个时代就是社会主义代替资本主义并向共产主义迈进的时代。这是我们对马克思主义保持坚定信心、对社会主义保持必胜信念的科学根据。这个大时代是一个相当漫长的历史过程。恰如邓小平在1992年南方谈话中所言：巩固和发展社会主义制度，还需要一个很长的历史阶段，需要我们几代人、十几代人，甚至几十代人坚持不懈地努力奋斗。习近平在

---

① 深刻认识马克思主义时代意义和现实意义 继续推进马克思主义中国化时代化大众化. 人民日报，2017-09-30.

2014 年 2 月曾经指出："我们说过，巩固和发展社会主义制度，还需要一个很长的历史阶段，需要我们几代人、十几代人，甚至几十代人坚持不懈地努力奋斗。大家想一想，几十代人是个什么时间概念？孔夫子的后人到现在也就八十代。"① 中国特色社会主义新时代是这个大时代重要的组成部分。作为这个大时代的重要组成部分，我们始终坚信中国特色社会主义有辉煌的未来。这个大的历史时代注定了中国特色社会主义大有作为、大有可为、大有能为。

中国特色社会主义新时代是科学社会主义展现巨大生机活力的时代。2013 年 1 月 5 日，在新进十八届中央委员会委员、候补委员学习贯彻党的十八大精神研讨班开班式上的重要讲话中，习近平总书记强调：中国特色社会主义，是科学社会主义理论逻辑和中国社会发展历史逻辑的辩证统一，是根植于中国大地、反映中国人民意愿、适应中国和时代发展进步要求的科学社会主义，是全面建成小康社会、加快推进社会主义现代化、实现中华民族伟大复兴的必由之路。习近平总书记还指出："我们党始终强调，中国特色社会主义，既坚持了科学社会主义基本原则，又根据时代条件赋予其鲜明的中国特色。这就是说，中国特色社会主义是社会主义，不是别的什么主义。"② 科学社会主义强调，消灭阶级，实现共产主义必须坚持无产阶级专政。党的十九大报告强调：我国是工人阶级领导的、以工农联盟为基础的人民民主专政的社会主义国家。中华人民共和国现行宪法第一条鲜明指出："中华人民共和国是工人阶级领导的、以工农联盟为基础的人民民主专政的社会主义国家。"我们推进国家治理体系和治理能力现代化，就要在坚持国体的基础上完善中国特色社会主义制度。

中国特色社会主义新时代是顺利完成社会主义初级阶段历史任务的时代。马克思、恩格斯在创立科学社会主义理论时，考察和分析了人类社会的发展历程，提出了对未来共产主义社会发展阶段的科学论

---

① 习近平. 论坚持全面深化改革. 北京：中央文献出版社，2018：92.

② 中共中央宣传部. 习近平总书记系列重要讲话读本（2016 年版）. 北京：学习出版社，2016：28.

断。马克思在 1875 年所写的《哥达纲领批判》中首次提出共产主义社会将经历“第一阶段”到“高级阶段”的发展过程。他把我们现在所说的社会主义社会称为“共产主义社会第一阶段”，并认为它“是刚刚从资本主义社会中**产生出来的**，因此它在各方面，在经济、道德和精神方面都还带着它脱胎出来的那个旧社会的痕迹”[①]。邓小平则明确把社会主义初级阶段界定为“共产主义社会第一阶段”。中国特色社会主义新时代是社会主义初级阶段后半程中的一个伟大时代，这个时代要用 30 多年的时间完成社会主义初级阶段的各项历史任务。党的十三大明确了社会主义初级阶段的历史任务：我国社会主义初级阶段，是逐步摆脱贫穷、摆脱落后的阶段；是由农业人口占多数的手工劳动为基础的农业国，逐步变为非农产业人口占多数的现代化的工业国的阶段；是由自然经济半自然经济占很大比重，变为商品经济高度发达的阶段；是通过改革和探索，建立和发展充满活力的社会主义经济、政治、文化体制的阶段；是全民奋起，艰苦创业，实现中华民族伟大复兴的阶段。党的十五大更进一步阐述了社会主义初级阶段的历史任务：社会主义初级阶段，是逐步摆脱不发达状态，基本实现社会主义现代化的历史阶段；是由农业人口占很大比重、主要依靠手工劳动的农业国，逐步转变为非农业人口占多数、包含现代农业和现代服务业的工业化国家的历史阶段；是由自然经济半自然经济占很大比重，逐步转变为经济市场化程度较高的历史阶段；是由文盲半文盲人口占很大比重、科技教育文化落后，逐步转变为科技教育文化比较发达的历史阶段；是由贫困人口占很大比重、人民生活水平比较低，逐步转变为全体人民比较富裕的历史阶段；是由地区经济文化很不平衡，通过有先有后的发展，逐步缩小差距的历史阶段；是通过改革和探索，建立和完善比较成熟的充满活力的社会主义市场经济体制、社会主义民主政治体制和其他方面体制的历史阶段；是广大人民

① 马克思，恩格斯．马克思恩格斯选集：第 3 卷．3 版．北京：人民出版社，2012：363.

牢固树立建设有中国特色社会主义共同理想，自强不息，锐意进取，艰苦奋斗，勤俭建国，在建设物质文明的同时努力建设精神文明的历史阶段；是逐步缩小同世界先进水平的差距，在社会主义基础上实现中华民族伟大复兴的历史阶段。

党的十八大以来，习近平总书记反复强调坚持社会主义初级阶段这一基本国情的极端重要性。2012 年 11 月 17 日，在十八届中共中央政治局第一次集体学习时，他就明确指出："强调总依据，是因为社会主义初级阶段是当代中国的最大国情、最大实际。我们在任何情况下都要牢牢把握这个最大国情，推进任何方面的改革发展都要牢牢立足这个最大实际。不仅在经济建设中要始终立足初级阶段，而且在政治建设、文化建设、社会建设、生态文明建设中也要始终牢记初级阶段；不仅在经济总量低时要立足初级阶段，而且在经济总量提高后仍然要牢记初级阶段；不仅在谋划长远发展时要立足初级阶段，而且在日常工作中也要牢记初级阶段。"① 也就是说，在任何情况下推进工作都要牢记社会主义初级阶段这一基本国情。党的十九大报告指出："必须认识到，我国社会主要矛盾的变化，没有改变我们对我国社会主义所处历史阶段的判断，我国仍处于并将长期处于社会主义初级阶段的基本国情没有变，我国是世界最大发展中国家的国际地位没有变。全党要牢牢把握社会主义初级阶段这个基本国情，牢牢立足社会主义初级阶段这个最大实际，牢牢坚持党的基本路线这个党和国家的生命线、人民的幸福线。"

完成社会主义初级阶段这些艰巨的历史任务正是中国特色社会主义新时代肩负的使命：这个新时代，要完成社会主义初级阶段的各项历史任务，把社会主义初级阶段推向一个更高阶段；这个新时代，要把一个落后的农业国变成一个制造业强国；这个新时代，要把一个科技教育文化落后的国家变成一个科技强国、教育强国、文化强国；这

---

① 中共中央文献研究室．十八大以来重要文献选编：上．北京：中央文献出版社，2014：76.

个新时代，要把一个几乎“被开除球籍”的国家变成一个进入世界舞台中央的国家；这个新时代，要把一个积贫积弱的国家变成一个繁荣富强的国家。

这是中华民族走向强盛的社会主义初级阶段。从现在算起，到2049年，社会主义初级阶段还有30年的时间。这一阶段是我们全面建成小康社会之后向基本实现社会主义现代化转变的历史阶段，是中国走向强大的阶段。在这个阶段，我们要实施科技强国战略，到2020年进入创新型国家行列，到2035年跻身创新型国家前列，到2050年建成世界科技创新强国，成为世界主要科学中心和创新高地；实施网络强国战略，实施“互联网＋”行动计划，发展分享经济，实施国家大数据战略，建设数字强国；发布《中国制造2025》，实施工业强基工程，培育一批战略性产业，建设制造强国，到2020年迈入制造强国行列，到2035年制造业整体达到世界制造强国阵营中等水平，2049年综合实力进入世界制造强国前列；实施人才优先发展战略，推进人才发展体制改革和政策创新，形成具有国际竞争力的人才制度优势，建设人才强国；坚持陆海统筹，壮大海洋经济，科学开发海洋资源，保护海洋生态环境，维护我国海洋权益，建设海洋强国；实施严格的知识产权保护制度，完善有利于激励创新的知识产权归属制度，建设知识产权运营交易和服务平台，建设知识产权强国。我们要建设法治中国，到2020年基本建成法治政府，使司法公信力明显提高，人权得到切实保障，产权得到有效保护；我们要推进平安中国建设，完善党委领导、政府主导、社会协同、公众参与、法治保障的社会治理体制，推进社会治理精细化，构建全民共建共享的社会治理格局；我们要建设美丽中国，坚持绿色富国、绿色惠民，为人民提供更多优质生态产品，推动形成绿色发展方式和生活方式，协同推进人民富裕、国家富强、中国美丽；我们要推进宽带中国建设，到2020年，我国宽带网络基础设施发展水平与发达国家之间的差距大幅缩小，国民充分享受宽带带来的经济增长、便利和发展机遇；我们要推进健康中国建设，到2020年建立覆盖城乡的基本医疗卫生制度和现代医院管理制度，使主要健康指标居于中高收入国家前列，2030 年主要健康指标进入高收入国家行列，2050 年建成与社会主义现代化国家相适应的健康国家。

这是各方面制度成熟定型的社会主义初级阶段。到 2020 年，在重要领域和关键环节改革上取得决定性成果，形成系统完备、科学规范、运行有效的制度体系，各方面制度更加成熟更加定型。人民代表大会制度、中国共产党领导的多党合作和政治协商制度、民族区域自治制度以及基层群众自治制度与时俱进，民主制度更加健全、民主形式更为丰富，公民有序政治参与在各层次各领域上持续扩大，社会主义政治制度优越性充分展现。公有制为主体、多种所有制经济共同发展的基本经济制度不断完善，国有经济活力、控制力、影响力日益加强，非公有制经济活力和创造力日益激发，各种所有制资本取长补短、相互促进、相互渗透，一切劳动、知识、技术、管理、资本的活力竞相迸发，一切创造社会财富的源泉充分涌流，人民生活一天比一天更加美好。

这是为人类发展做出更大贡献的社会主义初级阶段。中国是社会主义国家，顺应和平、发展、合作、共赢时代潮流，坚持走和平发展道路，打造人类命运共同体，推动与各方关系全面发展。作为社会主义国家，我们主要以自身的力量推动经济社会持续发展，同时以自己的发展带动世界经济增长。国际金融危机爆发以来，中国经济增长对世界经济增长的贡献率年均在 30%以上。在社会主义初级阶段，中国在自身长期发展水平和人民生活水平不高的情况下，敢于承担起与自身发展状况相一致的国际责任，不断为人类进步注入强大能量。1950 年至 2016 年，中国累计对外提供援款 4 000 多亿元人民币，实施各类援外项目 5 000 多个，其中成套项目近 3 000 个，举办 11 000 多期培训班，为发展中国家在华培训各类人员 26 万多名。不仅如此，我们还努力为完善全球治理贡献中国智慧、中国力量，为发展中国家走向现代化贡献中国方案、中国道路。

## 二、中国特色社会主义新时代是以人民为中心、使人民更加能动地创造历史、实现更加美好生活的时代

中国特色社会主义基本方略强调坚持以人民为中心，强调人民是历史的创造者，是决定党和国家前途命运的根本力量，要求必须坚持人民主体地位，坚持立党为公、执政为民，践行全心全意为人民服务的根本宗旨，把党的群众路线贯彻到治国理政全部活动之中，把人民对美好生活的向往作为奋斗目标，依靠人民创造历史伟业。这符合中国特色社会主义新时代的要求。

中国特色社会主义新时代是全国各族人民团结奋斗、不断创造美好生活、逐步实现全体人民共同富裕的时代。在这个新时代，要着力满足人民日益增长的美好生活需要。人民美好生活需要日益广泛，不仅对物质文化生活提出了更高要求，而且在民主、法治、公平、正义、安全、环境等方面的要求日益增长。40 多年前，人民群众需要的是粮票、布票、肉票、油票、自行车票、缝纫机票、电视机票、冰箱票，现在人民群众需要的是钞票、股票、选票、演唱会门票、球票。

随着绿色发展理念的深入人心，人民群众对清新空气、清洁环境等生态产品的需求越来越迫切，生态环境越来越引起人们的重视，人民群众对良好生态环境的期待越来越高。习近平总书记明确指出："从政治经济学的角度看，供给侧结构性改革的根本，是使我国供给能力更好满足广大人民日益增长、不断升级和个性化的物质文化和生态环境需要，从而实现社会主义生产目的。"① 党的十九大报告指出：

---

① 习近平. 在省部级主要领导干部学习贯彻党的十八届五中全会精神专题研讨班上的讲话. 北京：人民出版社，2016：30.

"我们要建设的现代化是人与自然和谐共生的现代化，既要创造更多物质财富和精神财富以满足人民日益增长的美好生活需要，也要提供更多优质生态产品以满足人民日益增长的优美生态环境需要。"随着社会发展和进步，人民群众美好生活要求的一个重要方面就是要有更好的养老服务。近几年我国人口结构发生重大变化，老年人口比重上升，对养老的需求呈几何级数增长，但老年服务产业发展还比较滞后。为此，要加快推进养老服务业供给侧结构性改革，保障基本需求，繁荣养老市场，提升服务质量，让广大老年群体享受优质养老服务，让所有老年人都能老有所养、老有所依、老有所乐、老有所安。

中国特色社会主义新时代是人民群众能够更加充分发挥自己的创造性的时代，是人民创造历史伟业的时代。在这个新时代，通过全面深化改革，为广大人民群众创业提供更多机会，一方面通过全面实施市场准入负面清单制度，清理废除妨碍统一市场和公平竞争的各种规定和做法，支持民营企业发展，激发各类市场主体活力；另一方面通过深化商事制度改革，打破行政性垄断，防止市场垄断，为企业发展提供更多机会。党的十九大提出：破除妨碍劳动力、人才社会性流动的体制机制弊端，使人人都有通过辛勤劳动实现自身发展的机会。这是人民美好生活实现的基础和前提。我们还要实行更加积极、更加开放、更加有效的人才政策，努力形成人人渴望成才、人人努力成才、人人皆可成才、人人尽展其才的良好局面，让各类人才的创造活力竞相迸发、聪明才智充分涌流。

这个方面的改革是真枪真刀进行的。2018 年 3 月 20 日上午，十三届全国人大一次会议闭幕后，国务院总理李克强在人民大会堂三楼金色大厅会见采访十三届全国人大一次会议的中外记者，并回答记者提出的问题。在回答中国日报社记者关于"放管服"改革的问题时，李克强指出：在放宽市场准入方面，今年要在六个方面下硬功夫，也可以把它形象地说成是六个"一"，那就是企业开办时间再减少一半，项目审批时间再砍掉一半，政务服务一网办通，企业和群众办事力争只进一扇门，最多跑一次，凡是没有法律法规规定的证明一律取消。经过几年的努力，现在我们开办企业的时间可以说已经快了不少，但是全国平均还需要 22 天，而在一些发达国家，只需要不到一天的时间。我们项目施工许可的办理时间就更长了，所以必须减繁。

这个方面最鲜活的例子就是浙江的“最多跑一次”改革。2016 年，浙江省委经济工作会议首次公开提出“最多跑一次”改革。2017 年，浙江省政府工作报告正式提出浙江实施“最多跑一次”改革。很快，浙江省公布了《加快推进“最多跑一次”改革实施方案》《浙江省公共数据和电子政务管理办法》。以人民为中心、以数据共享为原则的改革思路，让老百姓有了获得感、幸福感和满足感。“最多跑一次”改革从承诺细化成“一窗受理、集成服务”“一网申请、快递送达”“一号咨询、高效互动”，数据孤岛被打破，不同部门之间得以协同办公，“数据跑路”真正代替了“群众跑腿”。人民群众创业的积极性也得到大大提升。

## 三、中国特色社会主义新时代是共产党人不断树立马克思主义信仰、人民群众不断树立中国特色社会主义共同理想的时代

一个伟大的时代一定是有伟大信仰的时代。504 年前的 1516 年，英国人托马斯·莫尔发表《乌托邦》，吹响了人类追求社会主义美好生活的号角；503 年前的 1517 年，马丁·路德发表《关于赎罪券效能的辩论》（共九十五条，又称为《九十五条论纲》），路德学说在德国和欧洲北部地区迅速传播，各地都建立起了追随宗教改革主张的新教教区，有力地推动了近代欧洲社会的发展。马克思在评价马丁·路德的宗教改革时说：“他破除了对权威的信仰，是因为他恢

复了信仰的权威。他把僧侣变成了世俗人，是因为他把世俗人变成了僧侣。”[①] 历史的主题就是信仰与不信仰的冲突，这是德国伟大作家歌德提出的论断。他说：“所有信仰占据统治地位的年代，对当代人和后代人都是光辉灿烂、意气风发和硕果累累的，不管这信仰采取什么形式；另一方面，所有不信仰在其中占统治地位的时代（也不管这不信仰是什么形式），都只得到一点微弱的成就，即使它也暂时地夸耀一种虚弱的光荣，这种光荣也会飞快地逝去，因为没有人操心去取得一种对不信仰的东西的知识。”[②] 我们不赞成他的论断，但他对信仰重要性的认识无疑有其正确的地方。

中国特色社会主义新时代是进行伟大斗争的时代，赢得伟大斗争需要伟大信仰。我们进行的伟大斗争是长期的、复杂的、艰巨的，我们要坚决反对一切削弱、歪曲、否定党的领导和我国社会主义制度的言行，坚决反对一切损害人民利益、脱离群众的行为，坚决破除一切顽瘴痼疾，坚决反对一切分裂祖国、破坏民族团结和社会和谐稳定的行为，坚决战胜一切在政治、经济、文化、社会等领域和自然界出现的困难和挑战。要真正做到这一点，就要树立坚定的信仰。正如党的十九大报告指出的，人民有信仰，国家有力量，民族有希望。人民的信仰既包括对共产党领导的信仰，又包括对中国特色社会主义共同理想和对社会发展进步的信仰。

中国特色社会主义新时代是建设伟大工程的时代，建设伟大工程需要伟大信仰。新时代要求不断增强党的政治领导力、思想引领力、群众组织力、社会号召力，确保我们党永葆旺盛生命力和强大战斗力，把党建设成为始终走在时代前列、人民衷心拥护、勇于自我革命、经得起各种风浪考验、朝气蓬勃的马克思主义执政党。最根本的一点就是在全党树立坚定的马克思主义信仰。正如习近平总书记所言：我们共产党人的根本，就是对马克思主义的信仰，对共产主义和

---

① 马克思，恩格斯．马克思恩格斯选集：第1卷．3版．北京：人民出版社，2012：10.

② 荆学民．人类信仰论．上海：上海文化出版社，1992：扉页．

社会主义的信念，对党和人民的忠诚。立根固本，就是要坚定这份信仰、坚定这份信念、坚定这份忠诚，只有在立根固本上下足了功夫，才会有强大的免疫力和抵抗力。为什么我们共产党人的根本是对马克思主义的信仰？因为，马克思主义信仰是我们共产党人的力量之源，而且马克思主义是我们党和人民事业不断发展的参天大树之根本，是我们党和人民不断奋进的万里长河之泉源。只有在坚持马克思主义基本原理的基础上，我们才能以更宽广的视野、更长远的眼光来思考和把握国家未来发展面临的一系列重大战略问题。

马克思出生于1818年5月5日，他和他的战友恩格斯创立的马克思主义在人类历史上产生了巨大影响，没有任何一种学说能够企及。2017年9月29日，在十八届中央政治局第四十三次集体学习时，习近平总书记指出："在人类思想史上，就科学性、真理性、影响力、传播面而言，没有一种思想理论能达到马克思主义的高度，也没有一种学说能像马克思主义那样对世界产生了如此巨大的影响。这体现了马克思主义的巨大真理威力和强大生命力，表明马克思主义对人类认识世界、改造世界、推动社会进步仍然具有不可替代的作用。"马克思主义是我们党和人民凯歌行进的通衢大道之方向。马克思主义不仅拥有真理的力量、信仰的力量、道义的力量，而且拥有强大的世界观和方法论的力量。

### （一）马克思主义占据着真理的制高点，拥有着穿越历史的力量

2016年5月17日，在哲学社会科学工作座谈会上的讲话中，习近平总书记指出：实践也证明，无论时代如何变迁、科学如何进步，马克思主义依然显示出科学思想的伟力，依然占据着真理和道义的制高点。可以说，无论风云怎样变幻，从马克思主义诞生以来，这一真理的制高点从未失守过。马克思主义真理的力量给我们中国共产党人以无穷的信心。习近平总书记在2017年10月25日党的十九届中央委员会第一次全体会议的讲话中说："担当这份重任，我们既充满信心，又如履薄冰。充满信心，是因为我们有马克思主义的真理力量，

是因为我们有党的坚强领导，是因为我们有中国特色社会主义的正确道路，是因为我们有全党全军全国各族人民的伟大团结。”①

马克思主义揭示了人类历史发展的真理，强调资本主义由于其内在的不可克服的基本矛盾而必然为社会主义所代替。进入 21 世纪，资本主义社会基本矛盾的表现形式出现极为复杂的变化，例如，网络大数据能够使资本主义在有些方面克服其生产的盲目性，但实际上资本主义固有的生产社会化和生产资料私人占有之间的矛盾不仅没有得到解决，而且出现了更为激烈的冲突。从 2008 年爆发的国际金融危机一直持续到今天，大多数西方国家经济持续低迷、两极分化加剧、失业人数居高不下、政府治理低效运行、身份认同焦虑、政党政治陷入崩溃、社会矛盾加深、宗教冲突频发，这就说明了资本主义基本矛盾在累积更多的问题，等待着一次又一次危机的爆发。

不同时代的思想家们都承认马克思主义的真理性。单从 20 世纪看，无论是在社会主义大发展时期还是在社会主义低潮时期，不带偏见的思想家们都承认马克思主义的真理性。20 世纪 70 年代末，资本主义处在变革时期，诺贝尔经济学奖得主、美国著名经济学家保罗·A. 萨缪尔森和威廉·D. 诺德豪斯在其影响巨大的《经济学》中承认：“重要的是他的思想，在这方面，I. 柏林写道：‘19 世纪的思想家，没有一个像马克思那样对人类产生如此直接、深思熟虑和巨大的影响。’”他们写道：“……同我们所概略考察过的大多数早期的理论不同的是，马克思主义的理论在今天仍具有生命力并起着至关重要的作用。”② 他们慨叹：“马克思和恩格斯对于历史的经济解释是他们的能经久存在的贡献之一。”③ 20 世纪 80 年代末，由于英国首相撒切尔夫人和美国总统里根实施的一系列放松管制的政策，资本主义处于繁

---

① 习近平. 在党的十九届一中全会上的讲话. 求是，2018 (1).

② 萨缪尔森，诺德豪斯. 经济学：第 12 版. 高鸿业，等，译. 北京：中国发展出版社，1992：1290.

③ 同②1293.

荣发展时期。即使在这样的时期，那些客观地认识西方社会的学者依然承认马克思主义的真理性。被英国前首相托尼·布莱尔称为“进步主义政治史界的巨人，影响了整整一代政治和学术领袖”的英国著名学者霍布斯鲍姆在《资本的年代：1848—1875》一书中坦言，马克思主义的成就是无人能够企及的。他说：19 世纪唯一提出了阐述社会结构和社会变化的综合理论思想家，就是主张社会革命的马克思，“他得到了经济学家、历史学家和社会学家的尊敬和赞誉，至今仍为人所敬仰。这是一个了不起的成就，因为马克思的同时代人，不是已被今天受过良好教育的人忘得一干二净，就是经历了一个世纪的风吹雨打已经憔悴不堪”①。在 21 世纪的当今世界，其真理力量更是磅礴有力。1992 年，联合国教科文组织发起“世界记忆工程”。《世界记忆名录》由联合国教科文组织世界记忆工程国际咨询委员会评定，有 66 个国家委员会参与。每两年评选一次，每个国家每两年可申报两部古籍文献。截止到 2017 年底，共有 100 多个国家的 300 多份文献和文献集合入选，其中马克思和恩格斯合著的《共产党宣言》手稿以及马克思的《资本论》第一卷自注本，于 2013 年被列入《世界记忆名录》。这两部著作之所以被列入《世界记忆名录》，根本的原因就是它们改变了世界。

### （二）马克思主义占据着道义的制高点，拥有着势不可挡的威力

马克思主义占据着人类解放的制高点，强调人类解放的崇高价值。马克思认为人类解放是最充分、最彻底、最全面、最完整的解放。这一解放要使人类从对物的依赖中、对商品的依赖中彻底挣脱出来，从对他人的依赖中、对统治阶级的服从中挣脱出来，它要消灭一切剥削阶级和政治压迫。正如马克思所言，“以**物的**依赖性为基础的人的独立性，是第二大形式，在这种形式下，才形成普遍的社会物质

① 霍布斯鲍姆. 资本的年代：1848—1875. 张晓华，译. 北京：中信出版社，2014：307.

变换、全面的关系、多方面的需要以及全面的能力的体系。建立在个人全面发展和他们共同的、社会的生产能力成为从属于他们的社会财富这一基础上的自由个性，是第三个阶段。第二个阶段为第三个阶段创造条件”①。这一解放要把人类从旧式分工中解放出来，使人们摆脱片面发展的状态，从各种精神枷锁中挣脱出来，使人们能够自由地培育适合自身发展的精神。这一解放要根据历史发展的进程逐步消除工农差别、城乡差别，消除体力劳动与脑力劳动的差别，使国家逐步消亡，最终使全人类都获得彻底解放。马克思主义坚持实现人民解放、维护人民利益的立场，以实现人的自由而全面的发展和全人类解放为己任，反映了人类对理想社会的美好憧憬。马克思一生为之奋斗并做出了巨大的牺牲，高尚的人们洒下了热泪。法国学者雅克·阿塔利在《卡尔·马克思》一书的结尾中十分感慨地写道，“今后几代人都将怀念流亡途中的卡尔·马克思。在伦敦那段无比艰难的岁月里，他为孩子们的夭折痛苦不已，但依旧心怀梦想，盼望人性会更加美好。他们会重新提及马克思的世界精神及其主要内容：这个人值得拥有人们对他的所有期待”②。

马克思主义占据着无产阶级解放的制高点，强调人类解放这一崇高目标的实现要以无产阶级为根本。在马克思主义之前和同时代，有一些思想家也在谈人类解放的问题，但是他们的人类解放思想是一种空想，因为他们找不到实现这一解放的路径，因而就成为“天国”之类的幻想。马克思主义的人类解放之所以科学，是因为马克思一直强调无产阶级的发展壮大。无产阶级只有解放全人类，才能解放自己。早在1843年的《〈黑格尔法哲学批判〉导言》中，马克思就已经看到了无产阶级实现人类解放的作用。他强调，无产阶级是一个被戴上彻底的锁链的阶级，是大工业发展人为造成的阶级，是社会急剧解体特别是中间等级解体而产生出来的阶级，正在遭受人类的普

① 马克思，恩格斯．马克思恩格斯文集：第8卷．北京：人民出版社，2009：52.
② 阿塔利．卡尔·马克思．刘成富，等，译．上海：上海人民出版社，2010：332.

遍苦难。由于大工业的发展一天比一天强大，这个阶级会不断使旧世界解体，从而为人类解放创造条件。马克思指出："无产阶级要求**否定私有财产**，只不过是把社会已经提升为**无产阶级**的原则的东西，把未经无产阶级的协助就已作为社会的否定结果而体现在**它身上**的东西提升为**社会的原则**。"① 马克思还强调无产阶级的解放是被压迫民族解放的条件。1847 年 11 月 29 日，他在伦敦举行的纪念 1830 年波兰起义 17 周年国际大会上指出："因此，无产阶级对资产阶级的胜利同时就是一切被压迫民族获得解放的信号。""因此，英国无产者对英国资产阶级的胜利对于一切被压迫者战胜他们的压迫者具有决定意义。"②

马克思主义占据着道义的制高点，从而能够把各种进步力量聚合在推动人类进步的大旗之下，不断冲破各种阻碍，向着人类光明未来前进。马克思、恩格斯发表于 170 多年前的《共产党宣言》就是把真理性与道义性紧密结合在一起的著作，它把崇高的道义价值融入强有力的真理之中，对历史发展产生了深刻影响。20 世纪 30 年代意大利乃至欧洲著名的反法西斯主义知识分子卡洛·罗塞利在写于 1928—1929 年的《自由社会主义》一书中指出，《共产党宣言》是历史上最为有力的小册子之一，只要重读一下，我们就足以理解它所具有的巨大影响的原因。罗塞利说，"他（指马克思）让你陷入诱人的辩证法之中，当他紧紧控制你时，他会用如同复仇女神那样的宣言使你的思想颤抖"。他还说："在《共产党宣言》中，马克思以一种复仇女神的语言说话。没有什么比他对资本主义的剥削体系所做的有意的、冷酷无情的分析更生动，最后以不可避免的灾难前景结束，从中能够出现的是自由和平等之人的社会，即社会主义社会。"③ 接着，罗塞利用了四个叹号来说明马克思主义的震撼性，他说："这是以理性之名的

---

① 马克思，恩格斯. 马克思恩格斯文集：第 1 卷. 北京：人民出版社，2009：17.

② 马克思，恩格斯. 马克思恩格斯选集：第 1 卷. 3 版. 北京：人民出版社，2012：314.

③ 罗塞利. 自由社会主义. 陈高华，译. 长春：吉林出版集团，2008：106-107.

浪漫梦想！正义与科学结盟——实际上科学成了正义本身！多么具有吸引力啊！人们如何能够抗拒它，人们为何要抗拒它！”马克思主义是一种强大的道义力量，是符合历史发展进步趋势和人类要求的力量，任何力量都无法抵挡。

## （三）马克思主义世界观是伟大的认识工具，拥有观察世界、把握未来的力量

马克思主义世界观作为伟大的认识工具，交给我们把握客观规律的显微镜。习近平总书记在 2016 年的哲学社会科学工作座谈会上的讲话中指出，“马克思主义揭示了事物的本质、内在联系及发展规律，是‘伟大的认识工具’，是人们观察世界、分析问题的有力思想武器”①。马克思主义特别是其世界观，揭示了人类社会发展规律。2013 年 12 月 3 日，习近平总书记在十八届中共中央政治局第十一次集体学习时指出：马克思主义哲学深刻揭示了客观世界特别是人类社会发展一般规律，在当今时代依然有着强大生命力，依然是指导我们共产党人前进的强大思想武器。在革命、建设、改革各个历史时期，我们党运用马克思主义历史唯物主义，系统、具体、历史地分析中国社会运动及其发展规律，在认识世界和改造世界过程中不断把握规律、积极运用规律，推动党和人民事业取得了一个又一个胜利。辩证唯物主义揭示了自然界、人类社会、人类思维发展的普遍规律，如质量互变规律、对立统一规律、否定之否定规律；历史唯物主义揭示了人类社会形态由低级到高级，由原始社会到奴隶社会、封建社会、资本主义社会，再到社会主义社会的演变规律。马克思的科学社会主义则是关于无产阶级解放的条件和斗争规律的学说，是把握社会主义革命和建设规律的理论。这是划时代的发现。正如日本共产党原委员长不破哲三在 2009 年首次出版的《马克思还活着》一书中所言：马克思的历史唯物论，冲击了当时的历史观、社会观，令人耳目一新，从

---

① 习近平. 在哲学社会科学工作座谈会上的讲话. 人民日报，2016-05-19.

而开辟出了一个阐明社会发展规律的途径——让社会观、历史观成为一门“科学”，“关于对社会的这些认识，在马克思提出上述观点的那个年代，它具有颠覆社会主流意识的划时代意义。而在 160 年后的今天，可以说它已经成了一种社会常识，成了一种理所当然的观点”[①]。马克思主义揭示的社会发展规律改变了人们对社会的认识。马克思的政治经济学则是揭示资本主义经济运动规律的学说。在《资本论》中马克思揭示了很多规律，比如在谈到剩余价值的生产的时候，马克思说：“随着机器在同一生产部门内普遍应用，机器产品的社会价值就降低到它的个别价值的水平，于是下面这个规律就会发生作用：剩余价值不是来源于资本家用机器所代替的劳动力，而是相反地来源于资本家雇来使用机器的劳动力。”[②] 在谈到劳动力价值和剩余价值的变化时，马克思指出了三个规律：第一，不论劳动生产率如何变化，从而不论产品量和单个商品的价格如何变化，一定长度的工作日总表现为相同的价值产品；第二，劳动力的价值和剩余价值按照相反的方向变化；第三，剩余价值的增加或减少始终是劳动力价值相应的减少或增加的结果，而绝不是这种减少或增加的原因[③]。马克思揭示的这些经济规律在资本主义社会中发挥着顽强的作用，使资本主义不仅存在着短周期的经济危机，还存在着中周期和长周期的经济危机。正因为如此，只要资本主义出现经济危机，很多人就要回到马克思那里寻求解决问题的答案。马克思从经济发展规律出发，提出了资本走向集中和资本主义寡头化的预见。德国《商报》2017 年 4 月 13 日发表布拉克曼的题为《〈资本论〉及其剩余价值》的文章，指出：“尽管 1867 年之前的经济结构还是以小企业为主要特征，但马克思预料到：资本主义正走向寡头垄断。后来的发展印证了他的话。”“苏黎世联邦理工大学的研究人员 2011 年得出结论，一个只有 147 家企业（绝大多数是金融财团）的群体通过股份交织控制了所有跨

---

① 不破哲三. 马克思还活着. 有邻，译. 北京：中共中央党校出版社，2017：30.

② 马克思，恩格斯. 马克思恩格斯文集：第 5 卷. 北京：人民出版社，2009：468.

③ 同②594-596.

国企业价值的40%。眼下，这种集中度可能还要更高。这听上去不太像是亚当·斯密的自由市场经济，而更像是卡尔·马克思预见到的资本主义权力经济。"[①] 这种预测之所以准确，是因为它不是巫师的法术，而是对资本主义经济发展规律的深刻认识。

马克思主义世界观作为伟大的认识工具，交给我们把握未来发展逻辑和趋势的望远镜。事物发展是由各种错综复杂的变化的总和构成的，马克思主义虽然不能把所有变化都揭示出来，但能够发现这些变化的规律，在主要的基本的方面指出这些变化及其历史发展的客观的逻辑。之所以如此，是因为马克思主义能够科学地抓住阶级关系的变化，抓住历史主导力量的变化。马克思写于1851年至1852年3月的《路易·波拿巴的雾月十八日》就体现了马克思把握历史趋势的能力，恩格斯在1885年写的第三版序言中讲：他在事变刚刚发生时就对事变有这样透彻的洞察，的确是无与伦比。比如马克思讲："如果皇袍终于落在路易·波拿巴身上，那么拿破仑的铜像就将从旺多姆圆柱顶上倒塌下来。"[②] 1852年12月2日元老院宣布恢复帝制，路易·拿破仑·波拿巴为法兰西人的皇帝。近20年后，1871年4月12日，巴黎公社委员会通过法令，要求拆除旺多姆圆柱，5月16日下午举行了拆毁仪式。这是真正科学的洞见。马克思主义对未来社会发展趋势的科学预测，没有任何学派和思潮能够达到这样的高度。正如雅克·阿塔利所言："今天，马克思的理论在他早已预料到的全球化框架内，仍然有着非比寻常的意义。我们见证了资本主义的扩散，传统社会的剧变，个人主义思潮的上升，第三世界的绝对贫困化，见证了资本的集中，工厂向低成本劳动力地区的迁移，商品化趋势，不稳定状况的频繁出现，见证了对商品的依赖，通过单一产业创造的财富以及旨在预防不稳定风险的金融业的激增。所有的这些事物，马克思都预测到了。"[③] 这些

---

① 布拉克曼.《资本论》及其剩余价值. 参考消息，2017-04-23.

② 马克思，恩格斯. 马克思恩格斯选集：第1卷. 3版. 北京：人民出版社，2012：664.

③ 阿塔利. 卡尔·马克思. 刘成富，等，译. 上海：上海人民出版社，2010：330-331.

看法不是个别人的看法，也不是一时的看法，而是带有长期普遍性的看法。英国威斯敏斯特大学传播与媒体研究中心学者克里斯蒂安·富克斯在《资本与阶级》2017 年第 41 卷第 1 期上发表题为《信息时代重读马克思的〈资本论〉》的文章，指出："马克思讨论过电报对于贸易、生产和社会的全球化所蕴含的意义；他是第一位研究现代社会中的技术的哲学家和社会学家；他预见了知识劳动的作用和信息社会的兴起。……如果我们想要理解社交媒体的社会性是什么，那么阅读马克思就会大有裨益。"① 马克思不仅属于 19 世纪，而且属于 20 世纪，更属于 21 世纪。正如霍布斯鲍姆所言："简而言之，如果说有一位思想家在 20 世纪留下不可磨灭的痕迹，那么他就是马克思。""然而，今天，马克思再次成为一位 21 世纪的思想家。"② 马克思已经深刻地影响了人类 3 个世纪的发展，今后还会在更加广阔的范围内影响人类社会发展。

---

① 富克斯. 信息时代重读马克思的《资本论》. 曲轩，译. 国外理论动态，2017(12).

② 霍布斯鲍姆. 如何改变世界：马克思和马克思主义的传奇. 吕增奎，译. 北京：中央编译出版社，2014：4.

China's **New Era**

# 第三章

# 新时代中国特色社会主义的国际意义

# 3 新时代中国特色社会主义的国际意义

中国特色社会主义进入新时代意义重大，特别是对于世界社会主义发展的意义、人类社会发展的意义以及发展中国家的意义都是非凡的。

## 一、新时代中国特色社会主义正在破解发展中国家遇到的现代化与独立性不能兼容的困境

人类走向现代化比较理想的方式就是在独立自主的基础上，不走扩张主义道路，实现现代化。但由于强权政治的存在，发展中国家遇到了现代化困境。新时代中国特色社会主义就是用自身的探索破解这一困境。这一困境的破解为世界上那些既希望加快发展又希望保持自身独立性的国家和民族提供了全新选择，使发展中国家认识到实现现代化是有独立性选择的。

### （一）发展中国家遇到了“鱼与熊掌不能兼得”的困境

到今天为止，人类实现现代化的国家主要有两类。一类是第一次世界大战之前实现现代化的国家，这些国家主要是西方发达资本主义国家。它们依靠殖民主义、霸权主义，依靠军事手段进行了长达几百年的掠夺，为实现现代化积累了各种物质和制度基础。正如列宁所言：资本主义如果不经常扩大其统治范围，如果不开发新的地方并把非资本主义的古老国家卷入世界经济的旋涡，它就不能存在和发展。几百年来，这些殖民主义国家依靠坚船利炮，进行军事扩张，占领世界市场、倾销本国商品，获取巨额利润。1818—1836 年，英国输往印度的棉纱增加了 5 200 倍；1850 年，英国对印度的棉纺织品输出占英国棉纺织品输出总值的 65%，英国因而攫取了极为丰厚的利润。2017 年 3 月 15 日，英国《独立报》网站报道称，印度议员兼作家塔鲁尔说，英国靠实施劫掠，为工业革命和经济繁荣提供了资金。他的

一本书的名字就叫《不光彩的帝国：英国对印度做了什么》。从 1840 年到 1905 年的 66 年中，中国向列强支付的战争赔款就超过了 13 亿两白银，相当于清政府 1900 年财政收入的 16 倍。西方殖民主义国家依靠掠夺来的财富，兴办了现代企业，实现了工业化、城市化以及科学技术现代化。

另一类是第二次世界大战之后极少数新兴国家利用战后的国际形势，一跃而成为现代化国家。这些国家实现现代化付出的代价就是经济体系被纳入西方国家的经济体系中，其发展的依附性在增加。这些国家虽然进入了现代化国家的行列，但其现代化不是独立的现代化，而是依附性的现代化，其代价是巨大的，特别是一些国家还丧失了部分主权，韩国就是其中的典型。1966 年韩美签订《驻韩美军地位协定》（简称 SOFA），并于 1967 年生效，SOFA 实际赋予美军治外法权。据韩国政府的统计资料显示，从 1996 年到 1999 年底，在 657 起涉及美军偷窃、抢劫、强奸妇女乃至杀人的案件中，韩国当局能运用其权力拘留涉案人的仅有 7 起，其他涉案人大都在美军当局的纵容包庇下要么从轻发落，要么逍遥法外。SOFA 助长了驻韩美军的飞扬跋扈，导致其犯罪率增加。韩国媒体报道说，美军驻地附近的“基地村”中，67.5%的女招待曾被美军殴打、监禁或强暴，基本上每年都有女招待因种种原因而死去。据韩国法务部统计，1967 年至 1991 年间，美军犯罪案件每年平均为 1 100—2 300 件。1992 年开始，美军犯罪案件虽有下降趋势，但平均每年仍达 770 多件①。

我们可以看到，第二次世界大战结束以来发展中国家实现现代化面临着一个极大的两难困境：保持独立性，就无法实现现代化，像朝鲜、古巴这样保持独立性的国家就很难顺利实现现代化；实现现代化，就要失去自身的独立性，像韩国这样的国家就会受到

---

① 颜文京.《驻韩美军地位协定》：韩美摩擦的焦点. http://mil.news.sina.com.cn/2000-07-31/2922.html.

美国的控制。也就是说，发展中国家很难实现带有独立性的现代化。

### （二）新时代中国特色社会主义探索的是独立的现代化道路

新时代中国特色社会主义正在破解发展中国家有独立性无现代化、有现代化无独立性的困境，为发展中国家走向独立的现代化提供了全新答案。中国特色社会主义的发展和完善，为人类社会提供了一种崭新的现代化道路，就是不依靠霸权主义、殖民主义的掠夺，也不成为依附性国家，而是依靠自身的内生发展实现现代化。正如 2018 年 6 月 27 日习近平总书记在会见美国国防部长马蒂斯时所言："中国人民要建设社会主义现代化强国，但我们坚持走和平发展道路，不会走扩张主义和殖民主义道路，更不会给世界造成混乱。"[①] 2014 年 8 月 20 日，习近平总书记在纪念邓小平诞辰 110 周年座谈会上的讲话中，明确指出："中国特色社会主义是适合中国国情、符合中国特点、顺应时代发展要求的理论和实践，所以才能取得成功，并将继续取得成功。邓小平说：'特别是像我们这样第三世界的发展中国家，没有民族自尊心，不珍惜自己民族的独立，国家是立不起来的。'我们的国权，我们的国格，我们的民族自尊心，我们的民族独立，关键是道路、理论、制度的独立。"[②]

我们始终强调国家的主权独立和完整，这既是我们的核心利益，也是我们实现现代化的基础。到 2035 年，我们进入现代化国家的行列，基本实现社会主义现代化。到 2035 年，我们不仅要跻身创新型国家前列，而且要使法治国家、法治政府、法治社会基本建成，各方面制度更加完善，国家治理体系和治理能力现代化基本实现；我们不仅要显著缩小城乡区域发展差距和居民生活水平差距，基本实

---

① 习近平会见美国国防部长马蒂斯. 人民日报，2018-06-28.

② 中共中央文献研究室. 十八大以来重要文献选编：中. 北京：中央文献出版社，2016：48.

现基本公共服务均等化，而且要使现代社会治理格局基本形成；我们不仅要使生态环境根本好转，美丽中国目标基本实现，而且要全面推进军事理论现代化、军队组织形态现代化、军事人员现代化、武器装备现代化，力争基本实现国防和军队现代化。国防和军队现代化的不断推进有效地捍卫了国家主权，而且为独立现代化的实现奠定了坚实基础。在独立自主的基础上，我们坚持通过改革破解前进中遇到的困难和挑战，敢于啃硬骨头、涉险滩，勇于破除妨碍发展的体制机制障碍，不断解放和发展社会生产力，不断解放和增强社会活力。党的十八大到十九大之间 5 年来，我们在之前不断改革的基础上，推出 1 500 多项改革举措，重要领域和关键环节改革取得突破性进展，主要领域改革主体框架基本确立，为中国发展注入了强大动力。

## 二、新时代中国特色社会主义日益走近世界舞台中央

从 1949 年中华人民共和国成立中国人民站起来，屹立于世界民族之林，到改革开放新的历史时期中国人民富起来，避免了被开除“球籍”，再到党的十八大以来中国进入新时代强起来，我们正在走近世界舞台中央。

### （一）苏东剧变以来西方国家给世界带来了巨大的不稳定性、破坏性

20 世纪 80 年代末 90 年代初，苏联解体后出现了以美国为主导的单极世界的格局。苏联解体的 1991 年，中国 GDP 占全球的比重不到 4%，美国一个国家就占到 25%，经济政治军事力量对比悬殊。那个时候，社会主义的力量无法有效制约资本主义的野蛮性。西方国家凭借经济、科技、军事优势，以推进“民主化”为名，挥舞“人权高

于主权”的大棒，把很多发展中国家纳入西方经济政治体系中，不仅造成一些国家政局不稳、战乱不断，而且造成不平等的经济全球化，这种不平等性能够使西方国家获得巨大的经济政治利益。1998 年 12 月 3 日的《华尔街日报》刊登了一篇题为《全球化建筑的是这座纸牌搭成的房子吗?》的文章，文章认为，全球化经济“更像个蜂巢，几只蜜蜂的死亡对蜂巢没有显著影响，即使一大群蜜蜂被消灭，蜂巢也会很快重新弥补失去的群体数量。当一个国家处于危机时，另一个国家可能在迅速发展”。这段话讲得很隐晦，而 1999 年 4 月 5 日美国《商业周刊》的一篇文章则直截了当地说：世界的祸就是美国的福①。世界越混乱，美国人得到的会越多。这就是“美国优先”的基本逻辑。

从苏东剧变开始一直到中国特色社会主义进入新时代，以美国为首的西方国家用军事手段、民主化和金融体系搞垮搞乱了很多国家。1991 年的第一次海湾战争和 2003 年的第二次海湾战争，使伊拉克人民的生活倒退了数十年；1999 年的科索沃战争把一个统一的南斯拉夫国家分为多个国家，使每一个国家的力量都变得很弱小；2001 年美国发动的阿富汗战争，使阿富汗人民深受战争蹂躏，直到今天都经常会发生包括自杀式炸弹袭击在内的恐怖主义行为；2010 年和 2011 年西方国家煽动的“阿拉伯之春”已经演变成“阿拉伯寒冬”。据俄罗斯卫星网 2018 年 1 月 18 日报道，埃及总统塞西在 17 日发表其上任总统四年的述职报告。他表示，“叙利亚、伊拉克、利比亚和也门等国发生的事件造成巨大损失。一些国际评估结果显示，基础设施损失达到 9 000 亿美元，这些事件还造成超过 140 万人死亡，1 500 多万人沦为难民”②。发达国家利用这种战乱和混乱获取自身利益。直到今天，这一本性依然如故。2018 年 8 月 11 日，美国彭博新闻社网

① 方立. 在新的历史起点上坚持和发展中国特色社会主义. 北京：群众出版社，2010：84.

② 埃及总统：“阿拉伯之春”致 100 多万人死亡，近万亿美元损失. 环球时报，2018-01-19.

站发表文章，题目就是《美国以制造他国金融动荡为乐》，这种快乐是建立在他国人民苦难基础上的。

## （二）中国特色社会主义进入新时代推动经济全球化更加平等更加合理

中国特色社会主义进入新时代正在改变这种损人利己的局面。今天，中国已经成为世界第二大经济体、第一大工业国、第一大货物贸易国、第一大外汇储备国。改革开放 40 多年来，按照可比价格计算，中国国内生产总值年均增长约 9.5%；以美元计算，中国对外贸易额年均增长 14.5%。中国人民生活从短缺走向充裕、从贫困走向小康，中国的国力在增强。2018 年 2 月国家统计局发布的《2017 年国民经济和社会发展统计公报》显示：2017 年，中国国内生产总值比上年增长 6.9%，总量超过 80 万亿元人民币，达到 82.7 万亿元，按年平均汇率折算超过 12 万亿美元。2018 年，中国国内生产总量超过 90 万亿元人民币。中国国内生产总量占世界的比重为 15.2%，比 2012 年提高 4 个百分点，这一比例还在稳步上升。预计到 2035 年，这一比重会超过 25%。这使国际力量对比更趋平衡，防止了单极世界格局下单边主义对发展中国家既有 tank（坦克）又有 bank（银行）的侵掠，也防止了既有 missile（导弹）攻击，又有 money（资本）的控制。

党的十九大报告提出："我们呼吁，各国人民同心协力，构建人类命运共同体，建设持久和平、普遍安全、共同繁荣、开放包容、清洁美丽的世界。要相互尊重、平等协商，坚决摒弃冷战思维和强权政治，走对话而不对抗、结伴而不结盟的国与国交往新路。"这是新时代中国特色社会主义的内在要求。2017 年 12 月 1 日，在中国共产党与世界政党高层对话会上的主旨讲话中，习近平总书记再次强调，我们应该坚持共同、综合、合作、可持续的新安全观，营造公平正义、共建共享的安全格局，共同消除引发战争的根源，共同解救被枪炮驱赶的民众，共同保护被战火烧灼的妇女儿童，让和平的阳光普照大地，让人人享有安宁祥和。这一新路之所以能够走得通，是因为新时代中国特色社会主义力量的壮大，这一力量是世界和平稳定的真正压舱石。构建人类命运共同体是人类的向往，更是新时代中国特色社会主义肩负的世界责任。党的十九大报告指出：中国坚定奉行独立自主的和平外交政策，尊重各国人民自主选择发展道路的权利，维护国际公平正义，反对把自己的意志强加于人，反对干涉别国内政，反对以强凌弱。中国反对各种形式的霸权主义和强权政治，无论是旧殖民主义还是新殖民主义；反对动辄诉诸武力或以武力相威胁，与破坏世界秩序与公正规则的行为进行斗争；反对颠覆别国合法政权，会根据事情本身的是非曲直决定自己的立场和政策，秉持公道，伸张正义。中国秉持共商共建共享的全球治理观，倡导国际关系民主化，坚持国家不分大小、强弱、贫富一律平等，支持联合国发挥积极作用，支持扩大发展中国家在国际事务中的代表性和发言权。2018 年 4 月 10 日，在博鳌亚洲论坛 2018 年年会开幕式上的主旨演讲中，习近平总书记强调指出："当今世界，和平合作的潮流滚滚向前。和平与发展是世界各国人民的共同心声，冷战思维、零和博弈愈发陈旧落伍，妄自尊大或独善其身只能四处碰壁。只有坚持和平发展、携手合作，才能真正实现共赢、多赢。"

中国在国际事务中坚持不懈地坚决反对赢者通吃的逻辑，这有利于抑制极少数国家的贪婪性的掠食，使资本主义的野蛮性受到一定程度的遏制。早在 1911 年 1 月，列宁在写给高尔基的一封信中就指出，"**通过**组织无产阶级，**通过**维护无产阶级进行斗争的自由，来**反抗**殖民政策和国际掠夺"，会"迫使它采取较文明的、具有更高度技术的资本主义方式"。列宁还指出：有各种各样的资本主义，有黑帮-十月党式的资本主义，有民粹主义的资本主义。"我们愈是向工人**揭露**资本主义的'贪得无厌和残酷无情'，前一种资本主义就愈难以支持，愈不能不转向后一种资本主义。"[①] 新时代中国特色社会主义使中国

① 列宁．列宁全集：第 46 卷．2 版．北京：人民出版社，1990：16.

经济在世界经济中的贡献率稳步上升，可以在一定程度上、一定范围内、一定区域中打破冷战结束后资本主义在全球肆意妄为的局面，为广大发展中国家提供更多独立的选择。

## 三、新时代中国特色社会主义不断为人类政治文明进步做出充满中国智慧的贡献

1991 年苏联的解体给资本主义国家的一些学者和政治家一个错觉：社会主义政治制度的缺陷造成了苏联的垮台。其实，这是一种虚幻的结论，苏联的解体恰恰是由于没有把社会主义政治制度发展和完善好造成的，是偏离了社会主义民主政治造成的。

### （一）“历史终结论”：新的政治神话

“历史终结论”最早源于日裔美籍学者弗朗西斯·福山 1988 年所做的一次题为“历史的终点”的讲座。随后，他在讲座内容的基础上写成一篇论文——《历史的终结》。1989 年，美国新保守主义期刊《国家利益》发表了这篇文章，标志着“历史终结论”作为一个完整的理论体系正式提出。福山认为，冷战结束以后人类政治历史发展就到达终点，从此之后，构成历史的最基本的原则和制度就不再进步了，“资本主义与自由民主的现代体制已经超越了历史和意识形态矛盾，但其他的世界角落还在追赶历史。自由民主制度也许是人类意识形态发展的终点和人类最后一种统治形式”，除了自由民主制和资本主义，人类社会没有别的进化可能，这就是历史的终结。几年后，福山在前文基础上，撰写了《历史的终结及最后之人》一书。此书出版后引起巨大轰动，曾连续登上畅销书排行榜，先后被译成 20 余种语言。

福山预言世界将实现更大的地缘政治稳定，在他看来，中国和俄

罗斯等所有非西方大国最终都要走向西方的政治经济制度，没有任何其他选择。他说，只有“仍然深陷历史桎梏而不能自拔的大国”才会产生和保持对西方自由主义的重大意识形态的挑战，并因此在国际体系中引发“大规模冲突”。冷战后可能做出这样的挑战的候选国家只有俄罗斯和中国，但是两国都在拥抱西方式的市场，甚至在某种程度上正在拥抱西方的政治开放，从而将会摆脱所谓的历史桎梏。这种政治浪漫主义已经到了令人啼笑皆非的地步。

### （二）新时代中国特色社会主义为人类政治文明发展带来了新选择

新时代中国特色社会主义打破了“历史终结论”，宣告了历史既不会终结于资本主义经济体系，也不会终结于西方的自由民主体制。2014 年 2 月 17 日，在省部级主要领导干部学习贯彻党的十八届三中全会精神全面深化改革专题研讨班上的讲话中，习近平总书记就指出：“我国的实践向世界说明了一个道理：治理一个国家，推动一个国家实现现代化，并不只有西方制度模式这一条道，各国完全可以走出自己的道路来。可以说，我们用事实宣告了‘历史终结论’的破产，宣告了各国最终都要以西方制度模式为归宿的单线式历史观的破产。”①

从当今世界来看，西方的所谓“宪政民主”更加真实地展现出其资本专政的实质。1942 年，美国政治学家劳伦斯·罗斯托出版了一本著作叫《宪法专政：现代民主国家中的危机政府》，认为西方国家经常会运用紧急状态法、紧急权力法案、例外状态法、非常法律等宪法条文来维护资本秩序。在 21 世纪的今天，这种宪法专政更加缜密，更加有效。宪法通过复杂的法律体系、通过密如织网的法治程序把人民群众彼此隔绝开来，表面上保障了个人人权，但废除了集体人权，使之无法形成反对资本的整体力量，人民群众的

---

① 中共中央文献研究室．习近平关于社会主义政治建设论述摘编．北京：中央文献出版社，2017：7.

各种抗议活动、政治斗争都会被已经制定的法律予以扼杀。资本家利用议会的法律创制权确保资本的利益，特别是不断增强维护资本利益的国家机器的力量，每当资本遇到劳动阶级的威胁，资本就会创制新的法律条文来消除这一威胁，法律永远走在资本的身后，为资本撑起保护伞。这个方面，近几十年来美国最高法院就不断依照宪法做出一些判决，使工人的罢工变得更加困难。美国政治科学家、历史学家迈克尔·帕伦蒂在 2007 年首次出版的《少数人的民主》一书中说："在过去几十年中，最高法院通过了几项决议：（1）如果劳工在与企业之前的雇佣合同中订有工伤体恤条款，他们无权因企业安全保护不到位而罢工。（2）雇主在得知其雇员参与工会后可以终止其工作并处以罚金。（3）公司可以在破产法的保护下以'企业重组'的名义终止劳工雇佣合同并削减其他雇工工资。（4）参与罢工的工人不再享有失业保险和失业保障金。（5）公司可以给破坏罢工的'工贼'提供优厚的雇工待遇。（6）雇主还可以在雇员染上重大疾病时选择终止对其医疗保险的补助。"① 也就是说你要参与罢工，你的很多权利会被法律剥夺；你反对罢工，会得到很多利益。这是针对工人阶级罢工的决议，刀刀见血。这样的判决决议的清单还会不断拉长，这不是资本专政是什么？这样一种为资本服务的制度正由于其内在不可克服的矛盾而呈现出政治失序、治理低效、机制失调、党派纷争、民众受损的格局。法国始于 2018 年 11 月的巴黎"黄背心"运动再次说明西方国家治理的失序、失效、失败。笔者 2019 年 12 月在比利时布鲁塞尔做学术交流，恰巧遇上"黄背心"运动向比利时蔓延，造成人心惶惶。

现在福山自己也承认历史没有终结，他开始研究美国政治衰败问题。2014 年以来，福山出版《政治秩序与政治衰败：从工业革命到民主全球化》，提出美国这一内生型民主国家出现了"政治衰败"，其

① 帕伦蒂. 少数人的民主. 张萌，译. 北京：北京大学出版社，2009：320.

后又在多种场合公开批评美国的“政治衰败”。福山的“美国政治衰败论”描述了美国大量的政治衰败现象。他认为，“美国政府质量的衰败根源在于，它在某些方面又回到了‘法院和政党’治国——法院和立法机构篡夺很多行政部门的应有功能，使政府的整个运作变得颠三倒四和效率低下”。普罗大众的诉求很难得到回应，真正能够享受民主的是美国社会中组织能力最强、最富有的利益集团。利益集团可以通过直接起诉政府获取利益，还可以通过更强大、控制更多资源的国会达到自己的目的。

新时代中国特色社会主义使社会主义政治制度充满无限生机和活力，宣告我们完全有信心、有能力把我国社会主义民主政治的优势和特点充分发挥出来。中国特色社会主义民主是真实的民主，是人民群众当家作主。中国特色社会主义民主是在中国共产党领导下推进的民主，由于没有自身的党派私利，可以在最广泛的领域内最大限度地推进民主建设，满足人民群众的民主需求。新时代中国特色社会主义政治发展要坚持党的领导，同时改进党的领导方式和执政方式，保证党领导人民有效治理国家；新时代中国特色社会主义政治制度要扩大人民有序政治参与，保证人民依法实行民主选举、民主协商、民主决策、民主管理、民主监督，使各方面的民主制度建立健全；新时代中国特色社会主义法治道路要维护国家法制统一、尊严、权威，加强人权法治保障，保证人民依法享有广泛权利和自由，对于违反宪法和法律，特别是侵犯人权的行为予以坚决打击；新时代中国特色社会主义政治制度要巩固基层政权，完善基层民主制度，保障人民知情权、参与权、表达权、监督权，使各项权利落实到位；新时代中国特色社会主义民主建设要求各级领导干部增强民主意识，发扬民主作风，接受人民监督，当好人民公仆；新时代中国特色社会主义民主发展还要求健全依法决策机制，构建决策科学、执行坚决、监督有力的权力运行机制。

## 四、新时代中国特色社会主义使经济全球化朝着让不同国家、不同阶层、不同人群共享好处的方向发展

从历史的角度看，经济全球化是社会生产力发展的客观要求、人类交往的普遍愿望和科技进步的必然结果，不是哪些人、哪些企业、哪些集团、哪些国家人为制造出来的。经济全球化的正面效应很多，经济全球化为世界经济增长提供了强劲动力，促进了商品和资本流动、科技和文明进步、各国人民交往。不可否认的是，苏东剧变后，西方国家利用自身的高科技优势和金融优势，使经济全球化出现了极为不平等的局面，出现了一系列问题。例如，霸权国家利用综合优势从发展中国家不断攫取霸权红利。中国科学院国家健康研究组对外发布的《国家健康报告》（第 1 号）披露：2011 年，美国从全球攫取的霸权红利达 73 960.9 亿美元，霸权红利占 GDP 的比例高达 52.38%。中国损失的利益高达 36 634 亿美元，是红利损失占 GDP 最高的国家，达 51.45%。若按照劳动时间计算，中国劳动者有 60%左右的工作时间是在无偿为国际垄断资本服务，创造“剩余价值”。又如，不平等的经济全球化造成财富差距的急剧扩大。全球最富有的 1%的人口拥有的财富量超过其余 99%的人口财富的总和，收入分配不平等、发展空间不平衡令人担忧，全球仍然有 7 亿多人生活在极端贫困之中。2016 年 9 月 4 日，在二十国集团领导人杭州峰会上的开幕辞中，习近平总书记指出：“据有关统计，现在世界基尼系数已经达到 0.7 左右，超过了公认的 0.6 ‘危险线’，必须引起我们的高度关注。”[①] 这是西方主导的不平等的经济全球化导致的。

---

① 习近平．习近平谈治国理政：第 2 卷．北京：外文出版社，2017：473.

新时代中国特色社会主义正在改变这一状况。首先，新时代中国特色社会主义倡导的是平等参与、共同享有的经济全球化，一贯反对独享独占的经济全球化。2017 年 1 月 17 日，在世界经济论坛 2017 年年会开幕式上的主旨演讲中，习近平总书记反复强调要适应和引导好经济全球化，消解经济全球化的负面影响，让它更好惠及每个国家、每个民族；面对经济全球化带来的机遇和挑战，正确的选择是，充分利用一切机遇，合作应对一切挑战，引导好经济全球化走向，他说，“我们要主动作为、适度管理，让经济全球化的正面效应更多释放出来，实现经济全球化进程再平衡；我们要顺应大势、结合国情，正确选择融入经济全球化的路径和节奏”①。其次，新时代中国特色社会主义是促进经济更加开放的社会主义，是建立在开放型经济体系上的社会主义。中国经济的发展是与世界各国紧密相连的，我们发展的是互利共赢的开放型经济。2015 年中共中央、国务院发布的《关于构建开放型经济新体制的若干意见》明确指出：构建开放型经济新体制的总体要求是，“加快培育国际合作和竞争新优势，更加积极地促进内需和外需平衡、进口和出口平衡、引进外资和对外投资平衡，逐步实现国际收支基本平衡，形成全方位开放新格局，实现开放型经济治理体系和治理能力现代化，在扩大开放中树立正确义利观，切实维护国家利益，保障国家安全，推动我国与世界各国共同发展，构建互利共赢、多元平衡、安全高效的开放型经济新体制”②。

这种开放型经济是为各国造福的经济，它一方面为一些发展中国家实现现代化提供经济积累，另一方面提供制度借鉴。(1) 中国与发展中国家互利共赢的贸易使很多发展中国家获得了丰厚的利益。习近平主席 2017 年 11 月 10 日在越南岘港出席亚太经合组织工商领导人峰会时，发表了题为“抓住世界经济转型机遇　谋求亚太更大发展”

---

① 习近平．共担时代责任　共促全球发展　在世界经济论坛 2017 年年会开幕式上的主旨演讲．人民日报，2017-01-18.

② 中共中央国务院关于构建开放型经济新体制的若干意见．人民日报，2015-09-18.

的主旨演讲，他指出：未来 15 年，中国市场将进一步扩大，发展将更加全面。预计将进口 24 万亿美元商品，吸收 2 万亿美元境外直接投资，对外投资总额将达到 2 万亿美元。(2) 中国的对外投资不仅提升了一些发展中国家的发展能力，而且挤压了一些西方国家的企业以不平等的方式压榨发展中国家的空间，使发展中国家在对外贸易中能够获得更多的利益。2016 年，我国对外投资流量已跃居世界第二位，成为真正意义上的净资本输出国。截至 2016 年底，我国对外直接投资存量超过 1.3 万亿美元，境外资产总额近 5 万亿美元[①]。中国已经有超过上万家的企业分布在全球各个发展中国家，这些企业已经成为这些国家发展的强大动力之源。坦桑尼亚总理马贾利瓦于 2017 年 8 月 1 日上午视察中资企业阳光集团，马贾利瓦总理在随后的小型现场新闻发布会上表示，阳光集团多年来为坦桑尼亚经济发展以及中坦经济合作交流做出了巨大贡献，政府将大力支持像阳光集团这样致力于制造业的企业。这种互利共赢的经济全球化为发展中国家实现现代化奠定了可靠的经济基础。2018 年 8 月 14 日的《光明日报》刊登了一篇题为《让每一个非洲家庭买得起、看得起、看得好数字电视》的文章，生动地描述了中国的四达时代集团是如何让非洲兄弟看电视的成本大大降低的。文章说："在四达时代进入非洲广电市场前，非洲国家的电视收看费用居高不下，动辄每月上百美元的高昂价格，令大部分非洲家庭有电视机却'不能看'。"十年来，通过亲民的价格、优质的服务以及精彩的节目内容，四达时代打破了垄断，颠覆了传统。四达时代在非洲运营的 480 个频道，覆盖非洲 30 多个国家，共有 11 种语言，每月仅 3～5 美元就可收看 30 多套节目的亲民价格，得到非洲政府和民众的高度认可和欢迎。目前四达时代数字电视用户接近 2 000 万户，在非洲运营国建立营业厅 200 个、渠道商近7 000 家，为非洲兄弟带去了无限欢乐。(3) 中国为发展中国家提供经济制度和发

---

① 中共商务部党组. 党的十八大以来我国开放型经济水平全面提升. 求是，2017 (20).

展方式的借鉴。英国《金融时报》网站 2017 年 6 月 15 日发表题为《埃塞俄比亚制造业增长奇迹》的报道称，埃塞俄比亚成功吸引外国制造业者，成为撒哈拉沙漠以南非洲一面希望的旗帜，说明这个迄今地球上最贫困的地区能够遵循让世界其他地区富裕起来的常见发展模式。文章指出："更重要的是，埃塞俄比亚遵循了中国成功践行的国家主导大力投资的发展模式。"埃塞俄比亚总理的经济顾问在 2017 年 7 月撰文指出：我们要仔细学习中国的经验，我们要学习中国经验的精髓，再把精髓运用到我们的实践中。这不是个别国家政要的观点，而是很多国家吐露的心声。

## 五、新时代中国特色社会主义使科学社会主义在 21 世纪的中国焕发出强大生机活力

伴随着苏东剧变，各种各样的"马克思主义失败论""共产主义失败论"等甚嚣尘上。其实，这都是短视者的看法。

### （一）从"大失败"到"马克思主义画上休止符"

1989 年，曾经担任过美国总统国际安全事务助理的布热津斯基出版著作《大失败——20 世纪共产主义的兴亡》。《大失败——20 世纪共产主义的兴亡》一书开篇便说："这是一本论述共产主义的最后危机的书。书中描述和分析了共产主义制度及其信条的逐渐衰败的过程和日益加深的困境。"书中断言，到 21 世纪，共产主义将不可逆转地在历史上衰亡，它的实践与信条将不再与人类的状况有什么关系。一时间，各种各样宣称"马克思主义已经失败"或者"已经死亡"的理论纷纷出现。讲什么"要在马克思主义的棺材上钉上最后一颗钉子"，"使马克思永远不能再从棺材中爬出来"。法国学者雅克·阿塔利在《卡尔·马克思》一书中说，今天，世界上几乎没有什么国家信

仰马克思主义，“自马克思死后就展开的圆括弧在历经漫长的旅程后，终于画上了休止符”①。新时代中国特色社会主义已经宣告了这些论断的失败。中国特色社会主义进入新时代，这个新时代是中国特色社会主义新时代，而不是别的什么新时代。

### （二）中国特色社会主义进入新时代使科学社会主义焕发出强大生机活力

中国特色社会主义新时代是马克思主义中国化深入推进的时代。新时代丰富的实践为理论创新提供了巨大的空间。我们坚持马克思主义，又结合中国实际，形成了习近平新时代中国特色社会主义思想。习近平新时代中国特色社会主义思想同马克思列宁主义、毛泽东思想、邓小平理论、“三个代表”重要思想、科学发展观是一脉相承而又与时俱进的科学体系，是马克思主义基本原理同中国实际相结合的又一次历史性飞跃，为发展马克思主义做出了原创性贡献，在马克思主义发展史上具有重大意义。党的十八大以来，以习近平同志为核心的党中央对马克思主义的原创性贡献有很多个方面。党的十八届三中全会提出：坚持社会主义市场经济改革方向，核心问题是处理好政府和市场的关系，使市场在资源配置中起决定性作用和更好发挥政府作用。这是我们党在理论和实践上的又一重大推进，更是马克思主义政治经济学基本原理与中国实际结合的创新成果。以马克思主义为指导，习近平新时代中国特色社会主义思想提出了关于树立和落实创新、协调、绿色、开放、共享的发展理念的理论，关于我国经济发展进入新常态的理论，关于供给侧结构性改革的理论，这些理论都是对马克思主义政治经济学的丰富和发展。

中国特色社会主义新时代是共产主义理想信念不断增强的时代。共产党人的最高目标，只有在社会主义社会生产力和社会物质条件充分发展和高度发达的基础上才能实现，希望一下子、两下子、三下子

---

① 阿塔利．卡尔·马克思．刘成富，等，译．上海：上海人民出版社，2010：330.

就进入共产主义，那是幻想。但共产主义又不是“天国”，它是建立在人类社会发展客观规律之上的历史方向，而且是任何力量也逆转不了的总趋势。这是人类最美好的社会。马克思曾经在《资本论》第二卷第二篇第十六章中描绘了这个社会的经济特征：“如果我们设想一个社会不是资本主义社会，而是共产主义社会，那么首先，货币资本会完全消失，因而，货币资本所引起的交易上的伪装也会消失。问题就简单地归结为：社会必须预先计算好，能把多少劳动、生产资料和生活资料用在这样一些产业部门而不致受任何损害，这些部门，如铁路建设，在一年或一年以上的较长时间内不提供任何生产资料和生活资料，不提供任何有用效果，但会从全年总生产中取走劳动、生产资料和生活资料。相反，在资本主义社会，社会的理智总是事后才起作用，因此可能并且必然会不断发生巨大的紊乱。”① 这样一个美好社会激励着我们不懈奋斗。2013 年 1 月 5 日，在新进中央委员会的委员、候补委员学习贯彻党的十八大精神研讨班开班式上的讲话中，习近平总书记指出：“必须认识到，我们现在的努力以及将来多少代人的持续努力，都是朝着最终实现共产主义这个大目标前进的。”② 新时代中国特色社会主义的发展壮大正在为共产主义这个大目标的实现奠定更加雄厚的基石。共产主义不是遥远未来的乌托邦，而是深深扎根于新时代中国特色社会主义现实中的理想信念。2018 年 1 月 5 日，在新进中央委员会的委员、候补委员和省部级主要领导干部学习贯彻习近平新时代中国特色社会主义思想和党的十九大精神研讨班开班式上的讲话中，习近平总书记指出：中央委员会成员和省部级主要领导干部必须做到信念过硬，带头做共产主义远大理想和中国特色社会主义共同理想的坚定信仰者和忠实实践者。所有的共产党员都应该在新时代自觉地树立共产主义远大理想和中国特色社会主义共同理想，新时代一定是培育共产党人伟大信仰的时代。

---

① 马克思，恩格斯．马克思恩格斯文集：第 6 卷．北京：人民出版社，2009：349.

② 中共中央文献研究室．十八大以来重要文献选编：上．北京：中央文献出版社，2014：115.

China's **New Era**

# 第四章

# 新时代中国特色社会主义的政治优势

# 4

# 新时代中国特色社会主义的政治优势

党的十九大报告指出：中国特色社会主义政治发展道路，是近代以来中国人民长期奋斗历史逻辑、理论逻辑、实践逻辑的必然结果，是坚持党的本质属性、践行党的根本宗旨的必然要求。报告还充满自信地强调：我们完全有信心、有能力把我国社会主义民主政治的优势和特点充分发挥出来，为人类政治文明进步做出充满中国智慧的贡献。这种自信来自何处？来自新时代中国特色社会主义的政治优势。

## 一、新时代中国特色社会主义政治实现了制度的民主性和有效性，使政治制度保证国家长治久安

一个国家的政治制度是不是民主有效，很重要的测度标准就是这一制度下权力交接是否依法有序。习近平总书记曾经指出："主要看国家领导层能否依法有序更替，全体人民能否依法管理国家事务和社会事务、管理经济和文化事业，人民群众能否畅通表达利益要求，社会各方面能否有效参与国家政治生活，国家决策能否实现科学化、民主化，各方面人才能否通过公平竞争进入国家领导和管理体系，执政党能否依照宪法法律规定实现对国家事务的领导，权力运用能否得到有效制约和监督。"① 新中国成立至今，我们进行的每一次领导机关和领导层的更替都是平稳有序的。上一个领导集体把权力顺利交给下一个领导集体，每一次交接都会为经济社会发展提供更加平稳的政治保证，使经济社会发展不仅可持续，而且有可靠的预期。所以，习近平总书记明确指出："经过长期努力，我们在解决这些重点问题上都取得了决定性进展。我们废除了实际上存在的领导干部职务终身制，普遍实行领导干部任期制度，实现了国家机关和领导

---

① 习近平. 在庆祝全国人民代表大会成立60周年大会上的讲话. 人民日报，2014-09-06.

层的有序更替。”①

中国共产党为什么能够顺利完成这一交接？最根本的就是中国共产党是没有自己特殊利益的马克思主义政党。党没有与人民利益对立的党派私利，党的利益就是人民的利益。我们选择出来的每一个中央领导集体都是人民利益的真正代表者，是人民意志的产物。毛泽东同志属于中国，也属于世界，他不仅赢得了全党全国各族人民的爱戴和敬仰，而且赢得了世界上一切向往进步的人们的敬佩；作为党的第二代中央领导集体的核心，在邓小平的一生中，无论身居要职还是身陷困苦，都始终与人民群众同甘共苦，努力为党和国家分忧解难，他不仅赢得了中国人民的衷心爱戴，也赢得了世界人民的广泛尊敬；江泽民同志是党的第三代中央领导集体的核心，他总是把党和人民放在心中最高的位置，他尊重群众、关心群众，总是高度关注人民群众的安危冷暖，依据最广大人民的根本利益来检验和推动工作；胡锦涛同志以马克思主义政治家的远见卓识，紧紧依靠中央领导集体和全党同志，坚持发展为了人民、发展依靠人民、发展成果由人民共享，为坚持和发展中国特色社会主义做出了杰出贡献；将“人民”放在“心中的最高位置”，这是人民领袖习近平鲜明的执政理念，他说：“历史是人民书写的，一切成就归功于人民。只要我们深深扎根人民、紧紧依靠人民，就可以获得无穷的力量，风雨无阻，奋勇向前。”

反观这 70 多年的历史，没有几个国家能够顺利做到这一点。很多国家的权力交接呈现出的特点是：每一次权力交接都具有极大的风险性，对社会经济发展会带来极大冲击。70 多年中，有很多国家权力交接麻烦不断，出现各种断裂现象：1960 年到 1966 年，据不完全统计，仅在亚非拉地区的一些资本主义国家中，就先后发生了 61 次政变，成功了 56 次。把首脑人物杀掉的有 8 次，留着当傀儡的有 7 次，废黜的有 11 次。土耳其从 1923 年共和国成立到 20 世纪 90 年代末，军

① 习近平．在庆祝全国人民代表大会成立 60 周年大会上的讲话．人民日报，2014-09-06.

队在1960年和1980年直接夺权，在1971年和1997年分别逼迫时任总理德米雷尔、埃尔巴坎辞职。2011年2月，在外部势力的干涉下，“阿拉伯之春”波及利比亚，首都的黎波里和第二大城市班加西等地爆发反对卡扎菲的大规模示威游行，最终推翻了卡扎菲政权，卡扎菲被打死，利比亚陷入了持续近十年的动荡。利比亚有一句家喻户晓的话：“大家原本以为，我们的国家会变成阿联酋，却没料到成了索马里!”利比亚人民的生活水平倒退了十年甚至更多。2014年6月，乌克兰亿万富翁彼得·波罗申科在5月25日举行的总统选举中当选乌克兰总统。很快，东部就发生了战争，顿涅茨克、卢甘斯克宣布独立为共和国。据俄罗斯卫星网2015年1月27日报道，联合国人权事务高级专员办事处发言人鲁珀特·科尔维尔在记者会上表示，乌克兰冲突已致5 187人死亡，11 515人受伤。另据欧安组织统计，冲突仅仅半年多，已致约100万人沦为难民。更为复杂的是，2014年2月初俄罗斯回应自治共和国总理阿克肖诺夫的求援，派遣部队进驻克里米亚。3月16日，在全民公投中，95%以上的民众要求加入俄罗斯。出现这些问题的原因就是存在着党派私利，存在着各种政治码头，利益集团把国家权力当作自己的私人码头，形成“码头政治”与“码头文化”。

中国共产党始终是代表最广大人民根本利益的政党，始终强调党的先进性与纯洁性，始终强调防止党内形成政治利益集团和“圈子文化”“码头文化”。一方面，我们强调中国共产党是没有党派私利的党，坚决防止党内形成利益集团。在一个时期，党内也曾经存在着一些“码头文化”的表现：把党组织当作各取所需的“大卖场”、自行其是的“私人俱乐部”，把所在地方和分管领域当作“独立王国”“私人领地”，有的甚至把同志关系异化成了人身依附关系，搞“小山头”、小圈子、小团伙，搞门客、门宦、门附那一套。党的十八大以来全面从严治党，这些现象得到有效清除。另一方面，我们弘扬共产党人的价值观。党的十九大报告明确指出：弘扬忠诚老实、公道正派、实事求是、清正廉洁等价值观，坚决防止和反对个人主义、分散主义、自由主义、本位主义、好人主义，坚决防止和反对宗派主义、圈子文化、码头文化，坚决反对搞两面派、做两面人。

## 二、新时代中国特色社会主义政治实现了民主的真实性，防止了民主形式主义

单一票选是指所有重大事项都由选票决定。选票是唯一起决定作用的因素，投票人在选票上摁一下指纹，画一下“√”或者“×”，往投票箱一投，重大事项就决定了。政治似乎是由指头决定的。这种单一的票选政治存在三个问题：第一，投票者容易受其他选民的影响，别人选谁就跟风选谁。在这种投票中很容易选举出来“低能儿”或者非理性者，从而把国家带向混乱。第二，容易受党派利益的影响。梁漱溟的父亲梁济在其《伏卵录》中就生动地指出，民国初年各党派在前门火车站纷纷设立本党招待站，这些党派为争取下火车的议员住进其招待所，以便在国会中投该党的票，就如同“妓女拉客”一般。而事实上，先后进入甲党或乙党的招待所的各位议员，拿了甲党或者乙党的钱财后，最后却去投丙党的票，因为丙党给的价位最高。第三，造成社会共识减弱，形成社会鸿沟。2001 年 2 月，通过议会选举，成立不久的泰爱泰党取得多数席位，富商他信·西那瓦出任泰国政府总理，并在 2005 年再次经选举连任，直到 2006 年 9 月因政变下台。从 2006 年以来，泰国先后已经历了他信、沙玛、颂猜、阿披实、英拉、巴育六任总理，他们都是经过民主程序上台的，也都是被“民主”轰下台的。2006 年以来，拥护他信的红衫军和反对他信的黄衫军之间一直以民主的名义在进行相互搏杀，使整个国家发展陷入困境。2009 年 4 月 11 日，要求泰国时任总理阿披实下台的红衫军，不但与军方发生了武力冲突，甚至还扣押了总理秘书长。反对党组织的数十万反抗人群包围和冲入会场。泰国政府不得不宣布取消本应于当天召开的东盟与对话国领导人峰会，已经准备开会的各国领导人在泰国领导人的致歉声中纷纷离开泰国。国际社会的舆论指出，这种民主

令国家蒙羞。泰国由于实行了竞争性民主被西方一些国家标榜为“民主样板”。但是，人们看到的却是：一个集团选举获胜，另一个集团就会打着“民主”的旗号发动支持者通过示威和围攻等破坏法治和社会秩序的方式来发动倒阁斗争，根本不尊重选举结果。而被斗倒的一方会采取相同的手段继续斗争，最终斗争的结局就是经济社会长期停滞不前。

新时代中国特色社会主义政治从多个方面跨越了单一票选政治的陷阱：第一，我们从中国特色社会主义根本政治制度的建设上保证了人民意志不会掉进单一票选政治的陷阱。人民代表大会制度能够真正集中全国人民的意志，这一制度不仅能够体现选举的优势，还能够避免单一票选的弊端。人民代表大会制度之所以具有强大生命力和显著优越性，关键在于它深深植根于人民之中，中国 260 多万名各级人民代表大会代表，都要忠实代表人民的利益和意志，依法代表人民行使国家权力，为人民服务。我们坚持人民通过人民代表大会行使国家权力，各级人民代表大会都由民主选举产生，对人民负责、受人民监督；各级国家行政机关、监察机关、审判机关、检察机关都由人民代表大会产生，对人民代表大会负责、受人民代表大会监督；国家机关实行决策权、执行权、监督权，有既合理分工又相互协调的制度，从而有利于很好地实现人民的利益。第二，社会主义民主政治伟大实践保证了我们不会发生单一票选政治带来的社会分裂。社会主义民主政治的本质就是党的领导、人民当家作主、依法治国三者有机统一。党的领导是人民当家作主和依法治国的根本保证，人民当家作主是社会主义民主政治的本质特征，依法治国是党领导人民治理国家的基本方式。中国共产党始终站在时代前沿，能够科学把握中国特色社会主义政治发展规律，能够顺应政治文明发展大势，能够发现和辨识政治发展中的误区和陷阱；中国共产党始终代表广大人民群众的根本利益，在幼有所育、学有所教、劳有所得、病有所医、老有所养、住有所居、弱有所扶上不断取得新进展，使广大人民群众获得切切实实的利益，始终得到人民的衷心拥护。第三，我们不断扩大人民民主，采取各种形式落实人民的民主权利。我们健全民主制度，丰富民主形式，拓宽民主渠道，从各层次各领域扩大公民有序政治参与，发展更加广泛、更加充分、更加健全的人民民主。社会主义民主政治既保证人民依法充分实行民主选举，也保证人民依法实行民主决策、民主管理、民主监督，从而切实防止了出现选举时漫天许诺、选举后无人过问的现象。人民在民主实践中不但学会了按照民主程序进行投票，而且认识到了民主的精神实质，在进行民主投票时，不会随意按指印，而是在深思熟虑的基础上投下自己神圣的一票。这种投票是社会主义民主政治实质的要求，是对每一个公民的要求。

## 三、新时代中国特色社会主义政治的完善使中国经济持续稳定、高效快速发展，大大增强了广大民众对社会主义政治制度和政党制度的认同感

“街头政治”顾名思义就是通过走上街头，举行各种反政府的示威游行向政府施压，迫使政府下台或者改变已经制定的各种政策。习近平总书记就阐述过西方国家搞“颜色革命”的一个方法，即煽动民众搞“街头政治”。他在 2015 年 5 月 18 日的中央统战工作会议上的讲话中指出：“西方国家策划‘颜色革命’，往往从所针对的国家的政治制度特别是政党制度开始发难，大造舆论，大肆渲染，把不同于他们的政治制度和政党制度打入另类，煽动民众搞街头政治。当今世界，意识形态领域看不见硝烟的战争无处不在，政治领域没有枪炮的较量一直未停。”[①] “街头政治”的出现往往有国外势力的插手，西方国家对目标国的民众进行政治宣传，非难目标国的政治与政党制度，

---

① 中共中央文献研究室．习近平关于社会主义政治建设论述摘编．北京：中央文献出版社，2017：18.

把所有问题归咎于政治制度和政党制度落后。“街头政治”的出现，其国内因素就是民粹主义泛滥。民粹主义的泛滥带来两个巨大问题：一是社会陷入“中等收入陷阱”；二是社会群体发生撕裂，出现了形形色色的民粹主义的社会族群势力，产生社会利益与观念冲突。2015年12月18日，在中央经济工作会议上的讲话中，习近平总书记明确指出，要“防止陷入‘中等收入陷阱’。国际上特别是拉美国家的教训表明，民粹主义是造成‘中等收入陷阱’的根源。它有两个突出特点，一是政治上搞盲目民主化，意见纷杂，无法集中力量办事；二是过度福利化，用过度承诺讨好民众，结果导致效率低下、增长停滞、通货膨胀，收入分配最终反而恶化”[①]。2018年6月21日，习近平总书记在钓鱼台国宾馆会见来华出席“全球首席执行官委员会”特别圆桌峰会的知名跨国企业负责人，并同他们座谈交流时指出：“2017年以来，全球经济出现了稳定向好态势，但世界经济增长依旧乏力，贸易保护主义、孤立主义、民粹主义等思潮不断抬头，世界和平与发展面临的挑战越来越严峻。”[②] 中国之所以没有出现一些国家存在的民粹主义，是因为社会主义民主政治的发展使民粹主义在中国失去了存在的土壤。

社会主义民主政治的完善使中国经济持续稳定、高效快速发展，使中等收入群体不断扩大，这一群体的扩大使广大民众对社会主义政治制度和政党制度的认同感大大提升。中国特色社会主义一直强调提高中等收入群体的比例。党的十九大报告指出，到2035年中国基本实现现代化之时，人民生活更为宽裕，中等收入群体比例明显提高，城乡区域发展差距和居民生活水平差距显著缩小，基本公共服务均等化基本实现，全体人民共同富裕迈出坚实步伐。中等收入群体比例的明显提高将使政治发展更加理性稳定。习近平总书记在2016年5月16日中央财经领导小组第十三次会议上的讲话中指出：“中等收入群

---

① 中共中央文献研究室．习近平关于社会主义社会建设论述摘编．北京：中央文献出版社，2017：38．

② 习近平会见出席“全球首席执行官委员会”特别圆桌峰会外方代表并座谈．人民日报，2018-06-22．

体作为经济发展的稳定受益者，他们对社会秩序和主流价值观认同感较强，比较理性务实，一般不希望看到既定社会秩序受到破坏，对社会能起到稳定器作用。”维护社会和谐稳定、国家长治久安，必须逐步减少低收入群体比重、扩大中等收入群体比重……[①]

社会主义民主政治的健全使广大民众的意见不断被吸纳到政治决策的过程中，防止了民意无法实现体制内化而变成“街头政治”。我们坚持国家一切权力属于人民，坚持人民代表大会制度，保证人民依法实行民主选举，保证人民在选举后享受着更加充分的民主权利；我们坚持和发展社会主义协商民主，可以广泛形成人民群众参与各层次管理和治理的机制，有效克服人民群众在国家政治生活和社会治理中无法表达、难以参与的现象，人民在国家治理的各个领域都有自己的发言权；我们坚持和完善基层群众自治制度，发展基层民主，保障人民依法直接行使民主权利，切实防止出现人民形式上有权、实际上无权的现象，人民在基层治理的各个环节都能够行使自己的政治权力。

## 四、新时代中国特色社会主义政治本质上是人民当家作主的政治，是坚决反对利益集团存在的政治

西方多党政治是建立在各个党派私利基础之上的，各个党派无论是在竞选过程中，还是在执政过程中，都会把自己党派私利放在最高位置，因此会发生各种政治搏击，出现议会暴力和“拳头政治”，一言不合就拳脚相加。韩国国会是出名的打斗场，2011 年执政党试图强行表决《韩美自由贸易协定》，在野党议员金某为阻止法案通过携催泪弹冲进会场，在议长席前引爆，导致现场烟雾弥漫，议员痛苦不

① 中共中央文献研究室．习近平关于社会主义社会建设论述摘编．北京：中央文献出版社，2017：40-41.

堪。2014 年印度召开“印度人民院”大会时，因党派间意见太大，场面失控，有位印度议员居然用随身携带的小刀将另一位议员刺伤。2015 年 3 月 3 日，乌克兰议会中的激进党领导人利亚什科与前党员、时任“艾达尔”营领导人梅利尼丘克大打出手，致使当天剩余议程中断。议长格罗伊斯曼在一次全体会议上说：“如果你们想用武力方式解决问题，那么我准备在三楼设立一个拳击场。”

“拳头政治”的实质是利益集团的博弈。资产阶级社会政治本质上是利益集团政治。除了在防止广大人民群众起来夺取政权这一方面有共同利益外，各个利益集团是相互分裂的，这就为“拳头政治”埋下了伏笔。首先，政党利益冲突滋生各种“拳头政治”的土壤。多党制国家的通病就是不同政党轮流上台，相互否定。2017 年 1 月宣誓就任美国总统的特朗普几乎把奥巴马八年的政治遗产全盘否定：2010 年 3 月奥巴马签署了医保改革法案，特朗普在就任第一天就废除了；2015 年 10 月奥巴马宣布加入 TPP，特朗普在就任的第一周就宣布退出了；2015 年 12 月奥巴马宣布美国加入巴黎气候协定，2017 年 6 月特朗普宣布退出；2015 年 7 月美国、古巴宣布恢复外交关系，2017 年 6 月特朗普宣布收紧对古巴的政策；2015 年 7 月奥巴马签署伊核协议，2018 年 5 月特朗普宣布退出该协议。奥巴马八年花了纳税人无数金钱的政策被否定一空。这些党争归根到底损害的是广大民众的利益。恩格斯在 1891 年曾经说过：“正是在美国，同在任何其他国家中相比，‘政治家们’都构成国民中一个更为特殊的更加富有权势的部分。在这个国家里，轮流执政的两大政党中的每一个政党，又是由这样一些人操纵的，这些人把政治变成一种生意，拿联邦国会和各州议会的议席来投机牟利，或是以替本党鼓动为生，在本党胜利后取得职位作为报酬。大家知道，美国人在最近 30 年来千方百计地想要摆脱这种已难忍受的桎梏，可是却在这个腐败的泥沼中越陷越深。”他接着说：“我们在那里却看到两大帮政治投机家，他们轮流执掌政权，以最肮脏的手段来达到最肮脏的目的，而国民却无力对付这两大政客集团，这些人表面上是替国民服务，实际上却是对国民进行统治和掠夺。”① 其次，利益集团冲突催生各种“拳头政治”的机会。在多党制国家，当选者往往不是亿万富翁、大富豪，就是他们的代言人。美国现任总统特朗普是美国房地产大王，乌克兰前总统波罗申科是糖果大王、巧克力大王。在制定政策时，各个利益集团就会自觉不自觉地维护本集团的利益，与其他利益集团产生各种矛盾冲突。最后，受损民众的愤怒情绪酝酿着“拳头政治”的条件。无论是政党分赃还是利益集团分肥，损害的必然是民众的利益。民众的愤怒会不断爆发，这种愤怒的情绪会蔓延到政治舞台上，体现在议会辩论中，“拳头政治”就有了民众土壤。

中国特色社会主义民主政治从多个方面避免了“拳击政治”的出现。首先，消除了“拳头政治”的党派及利益集团土壤。中国不搞多党制、议会制，更不允许存在政治利益集团，这就从根本上铲除了“拳头政治”的存在空间。中国特色社会主义民主政治本质上是人民当家作主的政治，是坚决反对利益集团存在的政治。2015 年 10 月 29 日，在党的十八届五中全会第二次全体会议上的讲话中，习近平总书记明确指出：“全党同志特别是各级领导干部都要牢记党章中的规定：党除了工人阶级和最广大人民群众的利益，没有自己特殊的利益。如果有了自己的私利，那就什么事情都能干出来。党内不能存在形形色色的政治利益集团，也不能存在党内同党外相互勾结、权钱交易的政治利益集团。党中央坚定不移反对腐败，就是要防范和清除这种非法利益关系对党内政治生活的影响，恢复党的良好政治生态，而这项工作做得越早、越坚决、越彻底就越好。”② 其次，“拳头政治”在中国没有民众基础。在中国，广大人民群众的根本利益是一致的，尽管存在着各种人民内部矛盾，但这些矛盾不会形成根本利益冲突。人民群众的不同利益通过各级人民代表大会能够达到有效反映，并且通过人

---

① 马克思，恩格斯．马克思恩格斯文集：第 3 卷．北京：人民出版社，2009：110.

② 中共中央纪律检查委员会，中共中央文献研究室．习近平关于严明党的纪律和规矩论述摘编．北京：中央文献出版社，2016：30-31.

民政府得以较好解决，不会形成“拳头政治”的情绪氛围。最后，中国共产党是代表最广大人民群众利益的无产阶级政党，它能够协调各方，把各种政治诉求整合在一起，既防止了阶层分裂的闹剧，也防止了民族隔阂的悲剧。党是我们各项事业的领导核心：党政军民学，东西南北中，党是领导一切的。习近平总书记明确指出：“我国社会主义政治制度优越性的一个突出特点是党总揽全局、协调各方的领导核心作用，形象地说是‘众星捧月’，这个‘月’就是中国共产党。在国家治理体系的大棋局中，党中央是坐镇中军帐的‘帅’，车马炮各展其长，一盘棋大局分明。如果中国出现了各自为政、一盘散沙的局面，不仅我们确定的目标不能实现，而且必定会产生灾难性后果。”① 在中军帐中“帅”的调度下，各个民族像石榴籽一样紧紧团结在一起，各个阶层的民众能够紧密依存、命运相连。

## 五、新时代中国特色社会主义政治以马克思主义为指导，能够不断地清除非理性的政治行为

所谓“无厘头政治”，就是政治行为极为情绪化，没有规则、没有目的、缺乏基本理性。这种政治现象在欧美政治中变得越来越明显。2016 年 6 月 24 日，英国“脱欧”公投结果宣布后，很多人后悔投了赞成票，民众发起联署签名请愿，要求英国议会重新考虑这次公投的有效性，呼吁二次公投。截至北京时间 6 月 26 日晚上 11 时，请愿人数已超过 325 万人。不管再怎么请愿，木已成舟，“脱欧”已成定局。从 2016 年 6 月到现在，时间已经过去三年半了，英国终于正式“脱欧”，不仅消耗了大量社会财富，而且造成了国家民众间的撕

① 中共中央文献研究室．习近平关于社会主义政治建设论述摘编．北京：中央文献出版社，2017：31.

裂。无独有偶，英国“脱欧”后将成为欧盟第三大经济体的意大利，在 2018 年 3 月举行的议会大选中，反建制、反欧盟的五星运动党成为得票最高的单一政党。五星运动党最早是由意大利喜剧演员格里洛于 2009 年创立，最初基本上是以草根抗议者的姿态登场，网络和社交媒体是其宣传的主要阵地，各种无厘头观点在其舆论宣传中都存在着。

为什么在人类能够遨游太空、飞向更加遥远星球的时代，西方国家出现这么多非理性的政治行为？首先，西方个人主义长期发展使社会失去理性和理智，社会共识度在下降，每一个人都生活在自己的“洞穴”中。这很像俄罗斯伟大的现实主义作家陀思妥耶夫斯基在《卡拉马佐夫兄弟》（1879 年）一书中描述的俄国 19 世纪 60 年代后的社会状况：人们普遍绝望、彼此隔绝。为什么会彼此隔绝？书中指出：“因为现在每个人都极力使自己突出于众人，想要充分享受生活的乐趣，结果适得其反，他们绞尽脑汁，非但没有充分享受生活的乐趣，反而形同彻头彻尾的自杀，因为他们非但没有确立人之所以为人的东西，反而陷入彻头彻尾的与人隔绝的状态。因为在当代，所有的人都彼此分离，成为一个单独的人，每个人都钻进自己的洞里，与外界隔绝。”其次，西方社会的人变得越来越像马尔库塞笔下的“单向度的人”，呈现出“百年孤独”的特点。“单向度的人”即工具化的人，受物质欲望奴役的人，没有精神需要，失去自我、失去灵魂、失去自由的人。由此，马尔库塞得出了这样的结论：资本主义进步的法则寓于这样一个公式，即技术进步＝社会财富的增长（社会生产总值的增长）＝奴役的加强。这样一种状态带来的就是每个人只思考自己的政治向度，出现高度碎片化趋势，带来的政治就会千奇百怪。最后，西方社会组织化程度越来越低，“独自打保龄球现象”越来越普遍，理性共识越来越少，各种非理性政治由此大行其道。

社会主义民主政治的发展消除了这种荒诞的政治。首先，中国共产党是坚守人类政治理性的政党，提出的一系列政治思想不仅反映了人类政治发展的客观规律，而且反映了人类政治发展的理性与道德诉求。中国共产党领导下的政治建设是以反映政治规律的政治理性为前提的，能够不断地清除非理性的政治行为。其次，社会主义民主政治以马克思主义为指导。马克思主义作为人类思想的集大成者，坚决反对各种非理性的政治现象、政治意识以及政治行为，如反对各种政治虚无主义、无政府主义等。最后，中国特色社会主义民主实践使广大民众的政治行为更加理性化。一方面锻炼了广大人民群众的政治辨别能力，使之能够识别非理性政治的表现以及危害，自觉地抵制这一行为；另一方面能够不断实现广大人民群众的切身利益，广大人民群众最直接、最关切、最现实、最攸关的利益可以通过正常的民主渠道加以实现，“无厘头政治”就失去了存在的市场。

## 六、新时代中国特色社会主义政治使网络政治能够有序、不断变成发展社会主流意识形态的阵地

我们党深刻洞察网络发展的大趋势，强调把网络发展纳入社会主义民主政治发展之中。既要防止网络被资本绑架，也要防止“人人都有麦克风”带来的政治碎片化。互联网的迅速发展给民主政治建设带来了新的机遇，也带来很多挑战。首先，我们看到网络发展使群众监督更加便捷。2016 年 4 月 19 日，习近平总书记在京主持召开网络安全和信息化工作座谈会并发表重要讲话时指出：要建设网络良好生态，发挥网络引导舆论、反映民意的作用。网民来自老百姓，老百姓上了网，民意也就上了网。群众在哪儿，我们的领导干部就要到哪儿去，“各级党政机关和领导干部要学会通过网络走群众路线，经常上网看看……了解群众所思所愿，收集好想法好建议，积极回应网民关切、解疑释惑。……网民大多数是普通群众……要多

一些包容和耐心，对建设性意见要及时吸纳，对困难要及时帮助，对不了解情况的要及时宣介，对模糊认识要及时廓清，对怨气怨言要及时化解，对错误看法要及时引导和纠正，让互联网成为我们同群众交流沟通的新平台，成为了解群众、贴近群众、为群众排忧解难的新途径，成为发扬人民民主、接受人民监督的新渠道。”[①] 他反复强调，对网上那些出于善意的批评和监督，不论是对党和政府工作提的还是对领导干部个人提的，不论是和风细雨的还是忠言逆耳的，我们不仅要欢迎，而且要认真研究和吸取。其次，要看到网络发展会带来很多问题。2016 年 2 月 19 日，在党的新闻舆论工作座谈会上的讲话中，习近平总书记指出：有人说，当下中国存在“两个舆论场”，一个是以党报党刊党台、通讯社为主体的传统媒体舆论场，一个是以互联网为基础的新媒体舆论场。有人说，现在是“资本为王”的“资本媒体”“商业媒体”时代，是“人人都有麦克风”的自媒体时代，再提坚持党管媒体没有意义。这些看法是错误的。

网络发展特别是网络政治发展必须有序，不能无序化，更不能允许出现违背社会主义民主政治的现象。公众参与网络具有可匿名性，“人人都有麦克风、人人都有摄像头”，使得人人都是播报者，大家都能“拍砖”“灌水”“吐槽”，直接坦率地表达自己的观点和意见。但是，不管如何表达，“网络空间同现实社会一样，既要提倡自由，也要保持秩序。自由是秩序的目的，秩序是自由的保障。我们既要尊重网民交流思想、表达意愿的权利，也要依法构建良好网络秩序，这有利于保障广大网民合法权益。网络空间不是‘法外之地’”[②]。尤其是对在 2020 年初以来抗击新冠肺炎疫情中出现的各种网络谣言，要及时加以澄清。

---

① 习近平．在网络安全和信息化工作座谈会上的讲话．人民日报，2016-04-26.

② 习近平．在第二届世界互联网大会开幕式上的讲话．人民日报，2015-12-17.

## 七、新时代中国特色社会主义政治使人民真正掌握权力，切实防止了出现选举时漫天许诺、选举后无人过问的现象

我们党强调，发展社会主义民主政治，切实防止出现选举时漫天许诺、选举后无人过问的现象。“选举时漫天许诺、选举后无人过问”这种“空头政治”现象在很多资本主义国家都存在。2017年5月当选为法国总统的马克龙在参加竞选时曾承诺，当选总统后将推动立法，让法国政坛更加清廉。他当时说，当选总统后将推动议会改革，禁止议员雇亲属作为顾问或助手，从而断了政坛任人唯亲的传统，“我们要对有权有势的白领人士搞欺诈活动实施零容忍态度”。但现实是，马克龙根本无法做到这一点。

防止“空头政治”首先要使人民真正掌握权力。我们党一直强调，一切权力属于人民。习近平总书记指出：“无论是党委换届还是人大、政府、政协换届，都要体现工人阶级领导的、以工农联盟为基础的人民民主专政的国体，要保证基本群众代表比例，党政干部、企业负责人不要挤占应该给基本群众的名额，不得搞偷天换日、移花接木的欺骗手段。在中国共产党领导的社会主义国家，一切权力属于人民，决不能依据地位、财富、关系分配政治权力！”[①]其次要使人民群众有完整的政治参与实践。人民是否享有民主权利，要看人民是否在选举时有投票的权利，也要看人民在日常政治生活中是否有持续参与的权利；要看人民有没有进行民主选举的权利，也要看人民有没有进行民主决策、民主管理、民主监督的权

① 中共中央文献研究室．习近平关于社会主义政治建设论述摘编．北京：中央文献出版社，2017：49.

利。社会主义民主不仅需要完整的制度程序，而且需要完整的参与实践。最后要防止民主形式主义。习近平总书记指出："人民只有投票的权利而没有广泛参与的权利，人民只有在投票时被唤醒、投票后就进入休眠期，这样的民主是形式主义的。"[①] 社会主义民主不仅要在投票时发挥作用，而且要在投票后也能生动发展。

## 八、新时代中国特色社会主义政治能够及时吸纳新的社会群体，使民主始终走在健康的道路上

对于新的社会群体的出现以及其新的诉求，我们党一直高度关注。习近平总书记在很多讲话中都提到了新的社会群体的产生与发展。在 2013 年 8 月 19 日全国宣传思想工作会议上，习近平总书记指出要关注蚁族、北漂、海归、海待、散户等社会上新出现的人群。2014 年 10 月，在文艺工作座谈会上的讲话中，习近平总书记指出：近些年来，民营文化工作室、民营文化经纪机构、网络文艺社群等新的文艺组织大量涌现，网络作家、签约作家、自由撰稿人、独立制片人、独立演员歌手、自由美术工作者等新的文艺群体十分活跃[②]。2015 年 5 月，在中央统战工作会议上的讲话中，习近平总书记指出："随着互联网快速发展，包括新媒体从业人员和网络'意见领袖'在内的网络人士大量涌现。在这两个群体中，有些经营网络、是'搭台'的，有些网上发声、是'唱戏'的，往往能左右互联网的议题，能量不可小觑。"[③] 他还指出："新经济组织、新社会组织中的知识分子，如律师、会计师、评估师、税务师等专业人士，是改革开放以来

---

① 中共中央文献研究室. 习近平关于社会主义政治建设论述摘编. 北京：中央文献出版社，2017：66.

② 习近平. 在文艺工作座谈会上的讲话. 人民日报，2015-10-15.

③ 同①135.

快速成长起来的社会群体。目前看，这些人主要在党外、体制外，流动性很大，思想比较活跃。……”①

新的社会群体有自身的利益诉求和政策诉求，也有自己的政治诉求。这些诉求在党的领导下会融合成社会主义民主政治的重要组成部分，而不会变成游离在社会主义民主之外的因素，从而变成异己的力量。在党的领导下，可以把新的社会群体纳入人民代表大会制度和民主协商制度之中，使他们的代表人士成为合格的人民代表；在党的领导下，可以把这些社会群体组织起来，通过他们所在的组织了解情况，开展工作；在党的领导下，可以与这些社会群体进行广泛全面协商，在协商中实现这些社会群体的正当利益。

2014 年 5 月 9 日，在参加河南省兰考县委常委班子专题民主生活会时的讲话中，习近平总书记斩钉截铁地指出：“中国最大的国情就是中国共产党的领导。什么是中国特色？这就是中国特色。中国共产党领导的制度是我们自己的，不是从哪里克隆来的，也不是亦步亦趋效仿别人的。”②

① 中共中央文献研究室．习近平关于社会主义政治建设论述摘编．北京：中央文献出版社，2017：134.

② 同①28.

China's **New Era**

China's New Era

# 第五章

# 新时代中国伟大社会变革的性质与历史作用

# 5

# 新时代中国伟大社会变革的性质与历史作用

党的十八大以来，习近平总书记以马克思主义的宽广视野观察中国当代的社会变革，明确提出："当代中国的伟大社会变革，不是简单延续我国历史文化的母版，不是简单套用马克思主义经典作家设想的模板，不是其他国家社会主义实践的再版，也不是国外现代化发展的翻版，不可能找到现成的教科书。"① 在纪念马克思诞辰 200 周年大会上的讲话中，习近平总书记再次指出："我说过，当代中国的伟大社会变革，不是简单延续我国历史文化的母版，不是简单套用马克思主义经典作家设想的模板，不是其他国家社会主义实践的再版，也不是国外现代化发展的翻版。社会主义并没有定于一尊、一成不变的套路，只有把科学社会主义基本原则同本国具体实际、历史文化传统、时代要求紧密结合起来，在实践中不断探索总结，才能把蓝图变为美好现实。"② 这样一个重大论断，既阐明了新时代中国伟大社会变革的性质，也阐明了新时代中国伟大社会变革的意义。

## 一、新时代中国伟大社会变革不是简单延续我国历史文化的母版，而是以创造性转化和创新性发展为基础的历史文化"创版"

### （一）新时代中国伟大社会变革是对历史文化"母版"的延续

共产党人不是历史虚无主义者，从来不割断历史。马克思说："人们自己创造自己的历史，但是他们并不是随心所欲地创造，并不是在他们自己选定的条件下创造，而是在直接碰到的、既定的、从过去承继下来的条件下创造。"③ 中华民族的历史文化是老祖宗留给我

---

① 习近平．习近平谈治国理政：第 2 卷．北京：外文出版社，2017：344．

② 习近平．在纪念马克思诞辰 200 周年大会上的讲话．人民日报，2018-05-05．

③ 马克思，恩格斯．马克思恩格斯选集：第 1 卷．3 版．北京：人民出版社，2012：669．

们的最宝贵的精神财富，也是新时代中国一切社会变革的母体。共产党人从来不割断历史，因为中国共产党的产生，就是马克思主义与中国国情特别是历史文化相结合的产物。在半殖民地半封建的旧中国，救亡图存的先进分子在不断努力探索道路的过程中选择了马克思主义，马克思主义在与中国工人运动的结合下，诞生了中国共产党。中国共产党一经成立就成为历史上中国真正走向新生的革命希望和力量。对待历史，中国共产党人绝不是用极端的态度割裂它，而是始终以坚持马克思主义唯物史观的立场看待它。毛泽东指出："今天的中国是历史的中国的一个发展；我们是马克思主义的历史主义者，我们不应当割断历史。"① 习近平总书记在 2014 年十八届中共中央政治局第十八次集体学习时指出，"中国的今天是从中国的昨天和前天发展而来的"，"我们共产党人是坚定的马克思主义者，我们党的指导思想就是马克思列宁主义、毛泽东思想和中国特色社会主义理论体系。同时，我们不是历史虚无主义者，也不是文化虚无主义者，不能数典忘祖、妄自菲薄"。总之，共产党人始终坚持从历史走向未来，从延续民族文化血脉中开拓前进，我们既不会割断历史，也不会虚无历史。他在纪念孔子诞辰 2 565 周年国际学术研讨会暨国际儒学联合会第五届会员大会开幕会上的讲话中指出："不忘历史才能开辟未来，善于继承才能善于创新。优秀传统文化是一个国家、一个民族传承和发展的根本，如果丢掉了，就割断了精神命脉。"② 新时代是以深厚的中华历史文化传统为基础的。

共产党人从中国历史文化中吸取了无穷的力量，培育出新时代发展最深厚的文化软实力。一部中国共产党的历史就是马克思主义中国化的思想发展史，也是在马克思主义指导下中国人民进行革命、建设、改革的奋斗史。马克思主义是我们的思想灵魂，历史文化是我们的深厚底蕴，马克思主义中国化也是在马克思主义指导下根据具体国

---

① 毛泽东．毛泽东选集：第 2 卷．2 版．北京：人民出版社，1991：534.

② 习近平．习近平谈治国理政：第 2 卷．北京：外文出版社，2017：313.

情对中国历史文化的继承和改造。中国共产党人从中国文化中吸取了无穷的力量。毛泽东强调："从孔夫子到孙中山，我们应当给以总结，承继这一份珍贵的遗产。这对于指导当前的伟大的运动，是有重要的帮助的。"同时还指出了对待历史文化的科学态度："学习我们的历史遗产，用马克思主义的方法给以批判的总结，是我们学习的另一任务。"① 习近平总书记也多次强调：我们党在领导革命、建设、改革的进程中，一贯重视学习和总结历史，一贯重视借鉴和运用历史经验。对待历史文化，习近平总书记指出：我们要对传统文化进行科学分析，对有益的东西、好的东西予以继承和发扬，对负面的、不好的东西加以抵御和克服，取其精华、去其糟粕，而不能采取全盘接受或者全盘抛弃的绝对主义态度。2019 年 1 月 2 日，习近平在致中国社会科学院中国历史研究院成立的贺信中指出："当代中国是历史中国的延续和发展。新时代坚持和发展中国特色社会主义，更加需要系统研究中国历史和文化，更加需要深刻把握人类发展历史规律，在对历史的深入思考中汲取智慧、走向未来。"

当代中国社会的伟大变革是以中国历史文化为基础的，这是我们进行的伟大社会变革的母版。习近平总书记一再强调指出：中国特色社会主义道路，是在我国历史传承、文化传统、经济社会发展的基础上长期发展、渐进改进、内生性演化的结果。"独特的文化传统，独特的历史命运，独特的基本国情，注定了我们必然要走适合自己特点的发展道路。"② 他认为，"这条道路来之不易，它是在改革开放 30 多年的伟大实践中走出来的，是在中华人民共和国成立 60 多年的持续探索中走出来的，是在对近代以来 170 多年中华民族发展历程的深刻总结中走出来的，是在对中华民族 5 000 多年悠久文明的传承中走出来的，具有深厚的历史渊源和广泛的现实基础"③。离开了 5 000 多年中华文明悠久的历史，就没有今天的中国特色社会主义。就像恩格斯所说

---

① 毛泽东．毛泽东选集：第 2 卷．2 版．北京：人民出版社，1991：534，533.

② 习近平．习近平谈治国理政：第 1 卷．2 版．北京：外文出版社，2018：156.

③ 同②39-40.

的：没有希腊文化和罗马帝国所奠定的基础，也就没有现代的欧洲[①]。

### （二）新时代中国伟大社会变革是对历史文化“母版”的超越和创新

历史的发展，社会形态的客观演进有其内在的必然规律。任何一种社会形态的建立都有其必然性。唯物史观认为，经济基础决定上层建筑，上层建筑反作用于经济基础。今天中国的社会形态是由生产资料公有制决定的社会主义，而生产资料公有制正是通过对封建土地私有制的革命性改造完成的。中国在半殖民地半封建社会的基础上，越过资产阶级统治、资本主义充分发展的历史阶段，经由新民主主义社会而进入社会主义社会，这是由中国的历史传统、文化积淀、基本国情决定的，也是中国特色社会主义的一个重要内容。解决中国问题的方法只能在中国大地上寻找。习近平总书记指出，“我们开辟了中国特色社会主义道路不是偶然的，是我国历史传承和文化传统决定的”[②]。当然，新时代中国伟大社会变革不单单是对社会发展历史逻辑的遵循，也不是我国历史文化的简单延续，而是脱胎换骨的根本性变革和根本性超越。

根本性变革和根本性超越体现在生产力的发展上，中国由一个落后的农业国变成了先进的工业国。近代中国落后西方的根本原因就在于生产力的落后。鸦片战争中当工业文明的坚船利炮和农业文明的大刀长矛相遇时，中国封建的农业生产完败于西方先进的工业生产。当西方在工业革命的推动下生产力突飞猛进的时候，中国还在封闭的农耕世界里做着天朝上国的大梦。鸦片战争之后中国沦为半殖民地半封建社会，而阻碍生产力发展的原因就在于落后腐朽的封建生产关系和压在中国人民头上的三座大山。毛泽东从中国的历史状况和社会状况出发，在马克思列宁主义的指导下，准确地划分了旧民主主义革命和

---

① 马克思，恩格斯．马克思恩格斯全集：第20卷．北京：人民出版社，1971：196.

② 牢记历史经验历史教训历史警示　为国家治理能力现代化提供有益借鉴．人民日报，2014-10-14.

新民主主义革命，创立了无产阶级领导的，以工农联盟为基础的，人民大众的，反对帝国主义、封建主义和官僚资本主义的新民主主义革命理论，并领导我们的党和人民赢得了新民主主义革命的胜利，建立了新中国。新中国的成立，彻底结束了旧中国半殖民地半封建社会的历史，彻底结束了旧中国一盘散沙的局面，彻底废除了列强强加给中国的不平等条约和帝国主义在中国的一切特权，为生产力发展的根本性变革扫除了外部障碍。社会主义三大改造的完成和社会主义基本制度的确立，使束缚生产力的内部障碍得到彻底清除，完成了中华民族有史以来最为广泛而深刻的社会变革，为当代中国一切发展进步奠定了根本政治前提和制度基础。中国从此开始了由落后的农业生产向先进生产的迈进。全面建设社会主义时期，我们在“一穷二白”的基础上建立独立的、比较完整的工业体系和国民经济体系。中国不仅已经能够自行设计和批量生产汽车、飞机、坦克、拖拉机等，而且成功地爆炸了原子弹、氢弹，试制并成功发射了中远程导弹和人造卫星。这些进展，使全世界震惊。邓小平在1979年明确地说过，“社会主义革命已经使我国大大缩短了同发达资本主义国家在经济发展方面的差距。我们尽管犯过一些错误，但我们还是在三十年间取得了旧中国几百年、几千年所没有取得过的进步”①。为了推动生产力的进一步发展，邓小平提出了社会主义本质就是解放和发展生产力，并开启了改革开放的历史新进程，开创了中国特色社会主义。改革开放是党在新的时代条件下带领全国各族人民进行的新的伟大革命，是当代中国最鲜明的特色，也是当代中国一场广泛而深刻的社会变革。改革开放极大地解放和发展了生产力，在短短40多年的时间里，中国工业生产力得到了空前的发展，综合国力大幅度提高，人民生活水平显著提高，经济总量已经跃居世界第二位。由落后的农业生产向先进的工业生产的根本性变革，奠定了当代中国社会变革的物质经济基础。正如习近平总书记指出的：“现在，我们比历史上任何时期都更接近

① 邓小平．邓小平文选：第2卷．2版．北京：人民出版社，1994：167.

中华民族伟大复兴的目标，比历史上任何时期都更有信心、有能力实现这个目标。”①

根本性变革和根本性超越体现在生产关系的调整上，中国消灭了一切剥削制度，确立了社会主义基本制度。新中国成立后，土地改革运动使我国延续了几千年封建制度的经济基础——土地所有制形式被彻底消灭了，这是一个伟大的历史性胜利。随之消灭的还有封建的地主阶级剥削农民阶级的生产关系。经济基础决定上层建筑，封建土地所有制的废除表明新中国与以往中国任何历史阶段都有了本质上的不同。社会主义改造的胜利完成标志着我国实现了从新民主主义到社会主义的转变，社会主义基本制度最终确立，这就使中国这个占世界1/4人口的东方大国进入了社会主义社会，这是中国社会变革和历史进步的巨大飞跃。生产关系的根本性变革极大地促进了生产力的发展，也使传统中国走向了现代化。

根本性变革和根本性超越体现在政治制度的建设上，我们不断完善社会主义根本政治制度和基本政治制度，使人民当家作主的权利不断得以实现，特别是党的十八大以来，我们着力扫除妨碍人民民主权利实现的障碍。2013年1月22日，习近平总书记在十八届中央纪委第二次全体会议上的讲话中，严厉指出：“如果升学、考公务员、办企业、上项目、晋级、买房子、找工作、演出、出国等各种机会都要靠关系、搞门道，有背景的就能得到更多照顾，没有背景的再有本事也没有机会，就会严重影响社会公平正义。这种情况如不纠正，能形成人才辈出、人尽其才的生动局面吗？这个社会还能有发展活力吗？我们党和国家还能生机勃勃向前发展吗？我们共产党人决不能搞封建社会那种‘封妻荫子’、‘一人得道，鸡犬升天’的腐败之道！否则，群众是要戳脊梁骨的！”② 为此，近几年，我们大力削减和规范行政审批事项，使办企业、上项目不再需要那么多的审批环节，找关系的

① 习近平．习近平谈治国理政：第1卷．2版．北京：外文出版社，2018：35-36.

② 中共中央文献研究室．十八大以来重要文献选编：上．北京：中央文献出版社，2014：137-138.

现象也大大减少。李克强总理 2016 年 3 月 28 日在国务院第四次廉政工作会议上的讲话中，就谈到了这一问题，他说："许多企业和群众反映，一些政府部门审批事项仍然过多。去年国务院大督查发现，有的投资建设项目要经过 40 多个审批环节、盖 100 多个公章；有的工业建设项目，需要花 2 年多时间跑审批。我到地方调研，这方面问题反映还比较强烈。前几年，地方一位政协委员展示了一张审批的'万里长征图'，现在审批程序简化了，可能变成'千里长征'或'百里长征'了，但仍然是'长征'。所以还得压，能放给市场的尽量放给市场。"① 企业在经历 40 多个审批环节、盖 100 多个公章的"长征"过程中，就不可避免地存在着"搞门道"的问题，不仅会滋生腐败，而且影响企业发展的积极性。要减少这种情况的发生，就要进一步转变政府职能，削减和规范行政审批事项，这包括：砍掉一批国务院部门行政许可事项，削减一批中央指定地方实施的行政审批事项，减少中央层面政府核准的企业投资项目，取消和下放投资审批权限，最大限度放权给市场和企业，让市场和企业的自主性更加充分；除了涉及国家、民众安全以及环保的事项外，一律取消投资项目强制性评估评审，减少企业人为因素的干扰；规范保留的投资审批事项，明确和统一审批标准，减少和缩短审批流程，对于审批项目要限时办结；全面推行"一个窗口受理、一站式办理、一条龙服务"，大力推行网上办事，减少企业与审批部门人员面对面打交道的机会和次数，就会有效地防止靠关系问题发生的概率。还要大力推行"互联网＋政务服务"，实现部门间数据共享，让居民和企业少跑腿、好办事、不添堵。通过全面从严治党，严明党的纪律和规矩，狠抓作风建设，切断权力与利益的交换。首先，干部要自觉地把人民群众的利益摆在第一位，有好的发展机会应当先考虑广大群众，而不是优先考虑个人或者自己家庭的利益。1945 年毛泽东在中国共产党第七次全国代表大会上的闭幕词中指出，人民大众是中国共产党人的上帝。1965 年 8 月 3 日，毛泽东在会见法

① 李克强. 在国务院第四次廉政工作会议上的讲话. 人民日报，2016-04-15.

国总统特使、国务部长马尔罗时，马尔罗问毛泽东："我认为在毛主席之前，没有任何人领导农民革命获得胜利。你们是如何启发农民这么勇敢的?"毛泽东回答："这问题很简单。我们同农民吃一样的饭，穿一样的衣，使战士们感到我们不是一个特殊阶层。我们调查农村阶级关系，没收地主阶级的土地，把土地分给农民。"[①] 毛泽东的回答就是中国共产党赢得政权、获取民心的真谛所在。在发展社会主义市场经济条件下，更要把人民的利益放在第一位。其次，增强党内监督主体的监督意识，使广大党员能够主动监督干部的所作所为，特别是对侵占群众利益和机会的问题能够站得出来进行监督。

这场伟大社会变革是以母版为基础，进行创造性转化和创新性发展的"创版"。我们以马克思主义为指导，科学运用优秀传统文化中的"小康"和"不患寡而患不均"的观念，提出了全面建成小康社会和共同富裕思想。2014 年 9 月，在纪念孔子诞辰 2 565 周年国际学术研讨会暨国际儒学联合会第五届会员大会开幕会上的讲话中，习近平总书记指出：中国人民正在为实现"两个一百年"奋斗目标而努力，其中全面建成小康社会中的"小康"这个概念，就出自《礼记·礼运》，是中华民族自古以来追求的理想社会状态。使用"小康"这个概念来确立中国的发展目标，既符合中国发展实际，也容易得到最广大人民理解和支持[②]。习近平总书记还指出："共同富裕，是马克思主义的一个基本目标，也是自古以来我国人民的一个基本理想。孔子说：'不患寡而患不均，不患贫而患不安。'孟子说：'老吾老以及人之老，幼吾幼以及人之幼。'《礼记·礼运》具体而生动地描绘了'小康'社会和'大同'社会的状态。"[③] 不仅如此，习近平总书记还把中国优秀传统文化中的"实事求是"转化成了党内政治生活基本规范

---

① 7 位外国人看毛泽东：令人极感兴趣而高深莫测的人.（2013-12-24）. http://www.guancha.cn/RenMinWang/2013-12-24_194878.shtml.

② 习近平. 在纪念孔子诞辰 2 565 周年国际学术研讨会暨国际儒学联合会第五届会员大会开幕会上的讲话. 人民日报，2014-09-25.

③ 习近平. 在省部级主要领导干部学习贯彻党的十八届五中全会精神专题研讨班上的讲话. 人民日报，2016-05-10.

和共产党人的价值观。他指出，我们党在长期实践中逐步形成了以实事求是、理论联系实际、密切联系群众、批评和自我批评、民主集中制、严明党的纪律等为主要内容的党内政治生活基本规范。他还要求弘扬忠诚老实、公道正派、实事求是、清正廉洁等共产党人的价值观。

## 二、新时代中国伟大社会变革不是简单套用马克思主义经典作家设想的模板，是马克思主义中国化的“活板”

新时代中国伟大社会变革不是简单照抄照搬马克思主义经典作家关于未来社会蓝图的模板，而是在坚持马克思主义基本原理基础上不断发展的“活板”。

### （一）新时代中国伟大社会变革不是简单套用马克思主义经典作家设想的模板

马克思主义是放之四海而皆准的普遍真理，但不是剪裁各个国家和民族发展道路的模子、模具。早在 140 多年前，即 1877 年马克思在《给〈祖国纪事〉杂志编辑部的信》中就阐明每一个民族的发展道路都有自己的特殊性，不能把西欧资本主义发展的道路当作人类发展的普遍道路：“他一定要把我关于西欧资本主义起源的历史概述彻底变成一般发展道路的历史哲学理论……但是我要请他原谅。（他这样做，会给我过多的荣誉，同时也会给我过多的侮辱。）”[①] 一般的历史哲学理论是包括各个民族发展道路普遍性的理论，把西方发展道路简单等同于人类发展道路，这是马克思主义所反对的，因为每一个民族的发展道路都有其特殊性。更为重要的是，每一个国家走上社会主义道路的方式方法也存在多样性。100 多年前，列宁在 1916 年 8—9 月

① 马克思，恩格斯. 马克思恩格斯文集：第 3 卷. 北京：人民出版社，2009：466.

所写的《论面目全非的马克思主义和“帝国主义经济主义”》一文中指出：“在人类从今天的帝国主义走向明天的社会主义革命的道路上，同样会表现出这种多样性。一切民族都将走向社会主义，这是不可避免的，但是一切民族的走法却不会完全一样，在民主的这种或那种形式上，在无产阶级专政的这种或那种形态上，在社会生活各方面的社会主义改造的速度上，每个民族都会有自己的特点。”[①] 的确如此，对比苏联和中国的社会主义革命、建设和改革历史就可以看得很清楚。苏联共产党带领人民夺取政权走的是先夺取城市，再占领农村的道路，中国共产党带领人民走的是以农村包围城市的道路。苏联的社会主义改造经历了 19 年，从 1917 年十月革命到 1936 年苏联宪法颁布；中国的社会主义改造经历了 7 年，从 1949 年中华人民共和国成立到 1956 年三大改造完成。苏联在 20 世纪 80 年代的所谓改革导致背离马克思主义，最终造成苏联解体、苏共亡党。中国则从 1978 年开始进行改革开放，使中国大踏步赶上了时代，实现了中华民族从站起来、富起来到强起来的伟大飞跃。

中国历史发展的特殊性注定了我们推进伟大的社会变革不可能简单地套用马克思主义经典作家设想的模板。1840 年鸦片战争以后，中国逐步沦为半殖民地半封建社会，中国近代发生的社会变革就不同于其他国家。这一点，马克思、恩格斯早有预见。十月革命后，中国革命成为世界社会主义革命的一部分，中国革命从旧民主主义革命发展成为新民主主义革命。这一革命发生在一个农民占人口大多数的国家里，其革命深度和方式不同于马克思设想的工人阶级占人口多数的国家。改革开放是在一个农民人口占多数、自然半自然经济大量存在、以计划经济体制为主的现实状况下进行的，要把农民变成市民，把自然经济半自然经济导向商品经济，把计划经济体制转变成市场经济，把农业社会变成工业化社会，这是历史上从未有过的巨大变革，也是任何思想家难以想象出来的，任何模板都印刻不出新时代中国伟

---

① 列宁．列宁全集：第 28 卷．2 版．北京：人民出版社，1990：163.

大变革的洪涛巨流。邓小平明确指出，绝不能要求马克思为解决他去世之后上百年、几百年所产生的问题提供现成的答案。

## （二）新时代中国伟大社会变革是马克思主义中国化的“活板”

新时代中国伟大社会变革始终坚持和发展马克思主义，以马克思主义为指导推进改革开放，强调改革开放只有进行时没有完成时。马克思主义的历史唯物主义告诉我们：经济基础决定上层建筑，经济体制改革对其他方面改革具有重要传导作用。马克思在《〈政治经济学批判〉序言》中说：“人们在自己生活的社会生产中发生一定的、必然的、不以他们的意志为转移的关系，即同他们的物质生产力的一定发展阶段相适合的生产关系。这些生产关系的总和构成社会的经济结构，即有法律的和政治的上层建筑竖立其上并有一定的社会意识形式与之相适应的现实基础。”[①] 正是以这一思想为基础，习近平总书记强调：“在全面深化改革中，我们要坚持以经济体制改革为主轴，努力在重要领域和关键环节改革上取得新突破，以此牵引和带动其他领域改革，使各方面改革协同推进、形成合力，而不是各自为政、分散用力。”[②] 与此同时，我们以马克思主义辩证唯物主义为指导，强调改革的系统性、整体性、协同性和关联性。在推进经济体制改革的同时，推进政治体制改革、文化体制改革、社会体制改革和生态文明体制改革，使各项改革相互促进，同向发力。在政治体制改革领域，我们强调不断完善国家治理体系和治理能力现代化，在坚持根本政治制度、基本政治制度的基础上，推进制度体系完善和发展。在文化体制改革方面，我们强调完善文化管理体制，加快构建把社会效益放在首位、社会效益和经济效益相统一的体制机制，提供丰富的精神食粮，满足人民过上美好生活的新期待。在社会体制改革方面，我们强调建设更加公平可持续的社会保障制度，加强和创新社会治理，完善中国特色社会主义社

---

① 马克思，恩格斯．马克思恩格斯全集：第 13 卷．北京：人民出版社，1962：8.

② 习近平．习近平谈治国理政：第 1 卷．2 版．北京：外文出版社，2018：94.

会治理体系。在生态文明体制改革方面，我们强调尽快把生态文明制度的“四梁八柱”建立起来，把生态文明建设纳入制度化、法治化轨道。

新时代中国伟大社会变革始终坚持和发展马克思主义，以马克思主义政治经济学为指导推进社会主义市场经济体制的建立、完善和发展。建立社会主义市场经济体制，这是人类经济史上的伟大创造，如何实现这一创造？中国共产党人以马克思主义政治经济学为指导，进行大胆创新。1984 年 10 月《中共中央关于经济体制改革的决定》通过之后，邓小平评价这个决定写出了一个政治经济学的初稿，是马克思主义基本原理和中国社会主义实践相结合的政治经济学①。邓小平说，《中共中央关于经济体制改革的决定》有些是老祖宗没有说过的话，有些是新话②。在这一突破的基础上，党的十四大提出，我国经济体制改革的目标是建立社会主义市场经济体制。党的十四届三中全会通过了《中共中央关于建立社会主义市场经济体制若干问题的决定》，把党的十四大提出的经济体制改革的目标和基本原则加以具体化。党的十六届三中全会通过了《中共中央关于完善社会主义市场经济体制若干问题的决定》，强调更大限度地发挥市场在资源配置中的基础性作用，增强企业活力和竞争力，健全国家宏观调控，完善政府社会管理和公共服务职能，为全面建设小康社会提供强有力的体制保障。党的十八届三中全会通过的《中共中央关于全面深化改革若干重大问题的决定》指出，紧紧围绕使市场在资源配置中起决定性作用深化经济体制改革，推动经济更有效率、更加公平、更可持续发展。2013 年 11 月 12 日习近平总书记在党的十八届三中全会第二次全体会议上的讲话中指出：坚持社会主义市场经济改革方向，核心问题是处理好政府和市场的关系，使市场在资源配置中起决定性作用和更好发挥政府作用。这是我们党在理论和实践上的又一重大推进。党的十一届三中全会以来，我们党把马克思主义政治经济学的基本原理同改革开放新的实践结合起来，不断丰富和发展马克思主义政治经济

---

①② 王金华．邓小平实事求是思想研究．武汉：湖北人民出版社，2002：220.

学，形成了当代中国马克思主义政治经济学的许多重要理论成果，比如，关于社会主义本质的理论，关于社会主义初级阶段基本经济制度的理论，关于新发展理念的理论，关于发展社会主义市场经济、使市场在资源配置中起决定性作用和更好发挥政府作用的理论，关于我国经济发展进入新常态和供给侧结构性改革的理论，关于推动新型工业化、信息化、城镇化、农业现代化相互协调的理论，关于用好国际国内两个市场、两种资源的理论，关于乡村振兴战略的理论，等等。我们以马克思主义为指导，建立、完善了社会主义市场经济体制。在社会主义条件下发展市场经济，是我们党的一个伟大创举。中国改革开放 40 多年取得巨大成就的一个关键因素，就是我们既发挥了市场经济的长处，又发挥了社会主义制度的优越性。习近平总书记指出："我们是在中国共产党领导和社会主义制度的大前提下发展市场经济，什么时候都不能忘了'社会主义'这个定语。之所以说是社会主义市场经济，就是要坚持我们的制度优越性，有效防范资本主义市场经济的弊端。"[①] 2019 年召开的党的十九届四中全会又把社会主义市场经济提升到社会主义基本经济制度层面上，进一步发展了社会主义市场经济。

新时代中国伟大社会变革始终坚持和发展马克思主义，以马克思主义的科学社会主义为指导推进改革开放。中国的改革开放体现的是科学社会主义的要求。改革开放 40 多年来，一些人总是质疑我们的社会主义还是不是社会主义。我们党始终强调，中国特色社会主义，既坚持了科学社会主义基本原则，又根据时代条件赋予其鲜明的中国特色。中国特色社会主义是根植于中国大地、反映中国人民意愿、适应中国和时代发展进步要求的科学社会主义。科学社会主义强调未来社会在消灭剥削、消灭阶级的基础上实现每个人自由而全面的发展，我们的改革开放在适应国情的基础上，坚持以人民为中心的发展思

---

① 中共中央文献研究室．习近平关于社会主义经济建设论述摘编．北京：中央文献出版社，2017：64.

想，不断促进人的全面发展、实现全体人民共同富裕。科学社会主义强调未来社会坚持无产阶级政党领导，中国的改革开放始终坚持党对一切工作的领导，党政军民学，东西南北中，党领导一切。中国特色社会主义的生机活力就源于科学社会主义理论逻辑与中国历史逻辑的有机统一。我们以马克思主义党建思想为指导，明确中国特色社会主义最本质的特征是中国共产党领导，中国特色社会主义制度的最大优势是中国共产党领导，党是最高政治领导力量。这是对马克思主义党建思想的丰富与发展。

### （三）新时代中国伟大社会变革“活板”的鲜明特征

新时代中国伟大社会变革是社会革命与自我革命的有机统一。毫无疑问，新时代中国社会变革是一场伟大的社会革命。中华民族近代以来的每一次飞跃，都离不开伟大革命的进行。中国共产党成立以来，我们完成了新民主主义革命和社会主义革命，实现了中华民族从“东亚病夫”到站起来的伟大飞跃；党的十一届三中全会以来，我们进行了改革这一场伟大革命，实现了中华民族从站起来到富起来的伟大飞跃；进入新时代，我们进行新的伟大革命，中华民族迎来了从富起来到强起来的伟大飞跃。新时代伟大革命的深刻之处在于：完善中国特色社会主义制度，使 13 亿人口向着中等收入群体迈进，并且在 21 世纪中叶基本实现共同富裕；要突破利益固化的藩篱，勇于向阻碍发展的各种顽瘴痼疾开刀；大力发展社会主义市场经济，推动市场经济主体的力量越来越强大，同时还能够牢牢驾驭住市场经济。正如习近平总书记在 2018 年 7 月全国组织工作会议上的讲话所言：在新时代，我们党领导人民进行伟大社会革命，涵盖领域的广泛性、触及利益格局调整的深刻性、涉及矛盾和问题的尖锐性、突破体制机制障碍的艰巨性、进行伟大斗争形势的复杂性，都是前所未有的[①]。这场

① 切实贯彻落实新时代党的组织路线 全党努力把党建设得更加坚强有力. 人民日报，2018-07-05.

伟大的社会革命是与党的自我革命紧密结合在一起的。2018 年 1 月 5 日，在新进中央委员会的委员、候补委员和省部级主要领导干部学习贯彻习近平新时代中国特色社会主义思想和党的十九大精神研讨班开班式上的讲话中，习近平总书记指出：要把新时代坚持和发展中国特色社会主义这场伟大社会革命进行好，我们党必须勇于进行自我革命，把党建设得更加坚强有力[①]。我们党是没有特殊私利的无产阶级政党，是能够勇于进行自我革命并且善于进行自我革命、在自我革命中不断壮大的无产阶级政党。在自我革命中成长，这是我们党的巨大优势。自我革命就是要同一切弱化先进性、损害纯洁性的问题做斗争，着力解决党自身存在的突出问题，不断增强党自我净化、自我完善、自我革新、自我提高能力，经受“四大考验”，克服“四种危险”，确保党始终成为中国特色社会主义事业的坚强领导核心。

新时代中国伟大社会变革是中国共产党的坚强有力领导与广大人民群众活力迸发的有机统一。新时代中国伟大社会变革是在中国共产党的领导下有序推进的。改革开放是一场深刻而全面的社会变革，更是一场深刻而伟大的革命，必须在党的领导下推进。坚持党的领导，才能从纷繁复杂的事物表象中把准改革脉搏，把握全面深化改革的内在规律以及涉及的重大关系，使改革向着既定目标前进。离开了党的领导，改革就会陷入混乱。在坚持好党的领导的同时，要发挥好人民群众的主体力量。人民是改革的主体，改革开放之所以得到广大人民群众衷心拥护和积极参与，最根本的原因在于我们一开始就使改革开放事业深深扎根于人民群众之中，改革开放是人民群众自身的事业。截至 2018 年 4 月中旬，中国市场主体达 1.002 4 亿户，其中包括企业和个体工商户，这说明我国正成为世界上最大的创业国[②]。2019 年全年新设市场主体达到 2 179 万户，日均新设企业达到 2 万户。人民群众创业创新创造的积极性空前高涨，推动中国经济高质量发展。

---

① 以时不我待只争朝夕的精神投入工作　开创新时代中国特色社会主义事业新局面. 人民日报，2018-01-06.

② 中国市场主体迈入“亿户时代”. 新华网，2018-04-20.

## 三、新时代中国伟大社会变革不是其他国家社会主义实践的再版，是创造世界社会主义新历史的“新版”

新时代中国伟大社会变革吸取了历史上苏联东欧等社会主义国家在社会主义实践中若干重大问题上的经验教训，全面深化了对社会主义发展规律的认识，形成了具有中国特色和时代特征的“新版”社会主义，为21世纪世界社会主义的发展做出了重要贡献。

### （一）新时代中国伟大社会变革吸取了其他社会主义国家在对待科学社会主义问题上的经验教训，“新版”社会主义保持了正确前进方向

恩格斯指出：“所谓‘社会主义社会’不是一种一成不变的东西，而应当和任何其他社会制度一样，把它看成是经常变化和改革的社会。”① 苏东社会主义国家在实践中也采取了一定的改革措施，如苏联的利别尔曼建议和柯西金的“新经济体制”改革、波兰和匈牙利在20世纪五六十年代的改革、捷克斯洛伐克夭折的“布拉格之春”等等。这些措施虽然在经济管理体制等方面对原有苏联模式进行了改革尝试，但从总体上仍然没有跳出教条主义的窠臼。南斯拉夫的社会主义自治制度建设虽然成效显著，但在一定程度上削弱了共产党的领导，加重了民族分离主义倾向。20世纪80年代中期以后，苏东社会主义国家面对改革困境，相继放弃了社会主义制度。苏东社会主义国家在对待科学社会主义态度问题上的教条主义和机会主义错误是社会主义实践中的严重教训。

在20世纪50年代中国社会主义建设刚刚起步不久，毛泽东就提

① 马克思，恩格斯．马克思恩格斯选集：第4卷．3版．北京：人民出版社，2012：601.

出“以苏为鉴”的问题。所谓以苏为鉴，不是不研究学习苏东国家社会主义建设经验，而是根据国情避免照抄照搬。改革开放以来，这一原则被很好地继承下来。中国既实行了在广度和深度上都比苏东国家影响深远得多的改革开放，又坚持了科学社会主义基本原则和道路，实现了新时代中国伟大社会变革。正如邓小平所指出的：不坚持社会主义，不改革开放，不发展经济，不改善人民生活，只能是死路一条。习近平总书记则强调：“中国特色社会主义是社会主义而不是其他什么主义，科学社会主义基本原则不能丢，丢了就不是社会主义。”① 强调要坚持改革的社会主义方向，避免犯颠覆性错误。新时代中国伟大社会变革既坚持四项基本原则是立国之本，又强调改革开放是强国之路，保证了“新版”社会主义的正确前进方向。

新时代中国伟大社会变革不是关起门来自我封闭式的变革，而是充分吸收和借鉴了其他社会主义国家成功实践的经验。2014 年 5 月 22 日，在同外国专家座谈时的讲话中，习近平总书记指出：“任何一个民族、任何一个国家都需要学习别的民族、别的国家的优秀文明成果。中国要永远做一个学习大国，不论发展到什么水平都虚心向世界各国人民学习，以更加开放包容的姿态，加强同世界各国的互容、互鉴、互通，不断把对外开放提高到新的水平。”② 第二次世界大战结束后，南斯拉夫建立起了符合本国国情的社会主义制度，以铁托为代表的南斯拉夫共产党团结和带领全国各族人民，经过探索，创立了“社会主义工人自治制度”，发展了市场经济，找到了一条适合本国国情的道路。党的十一届三中全会以后，我国领导人和多个领域的专家曾纷纷前往南斯拉夫学习、取经，借鉴其社会主义建设经验，有力地推动了中国的改革开放。进入新时代，我们也在不断借鉴其他社会主义国家建设的实践经验。2014 年 7 月 23 日，习近平总书记在哈瓦那

① 毫不动摇坚持和发展中国特色社会主义 在实践中不断有所发现有所创造有所前进. 人民日报，2013-01-06.

② 中共中央文献研究室. 习近平关于社会主义经济建设论述摘编. 北京：中央文献出版社，2017：289.

同古巴国务委员会主席兼部长会议主席劳尔·卡斯特罗举行会谈时指出："中方愿意同古方继续保持高层交往，加强党际交流，密切各层级对话磋商，在涉及对方核心利益和重大关切问题上继续相互支持，就治国理政、社会主义建设加强交流，在各自改革进程中相互借鉴、相互支持。"① 2017 年 11 月 12 日，习近平总书记在河内越共中央驻地同越共中央总书记阮富仲举行会谈，他和阮富仲就新形势下深化中越全面战略合作伙伴关系达成重要共识，一致认为双方要相互借鉴，共同发展，为各自国家社会主义建设事业注入新活力。

### （二）新时代中国伟大社会变革吸取了其他社会主义国家在社会主义发展阶段问题上的经验教训，"新版"社会主义规划了科学战略步骤

社会主义发展阶段问题是社会主义国家面对的重大理论和实践问题。只有在社会主义发展阶段问题上有合乎实际的认识，才能以此为据制定正确的路线、方针、政策。马克思指出共产主义社会分为第一阶段和高级阶段，列宁则首次把共产主义社会第一阶段称为社会主义社会。至于社会主义社会是一个多长的历史时期，社会主义社会何时才能向共产主义社会过渡，需要哪些条件，则成为社会主义国家建立之后直接面对的现实问题。苏东社会主义国家在社会主义发展阶段问题上一直奉行超越本国实际发展阶段的理论，给社会主义事业带来很大损害。1939 年联共（布）十八大决议认为，苏联社会进入了"完成无产阶级的社会主义建设并从社会主义逐渐过渡到共产主义阶段"，赫鲁晓夫提出"全面展开共产主义建设"理论，勃列日涅夫提出"发达社会主义社会"理论。很多判断大大超前了，这给苏联社会主义实践带来非常消极的影响。

中国在社会主义建设历程中也有对发展阶段判断超前的严重教

① 习近平同古巴国务委员会主席兼部长会议主席劳尔·卡斯特罗举行会谈. 人民日报，2014-07-24.

训。改革开放以来，在实事求是思想路线的指引下，党形成了社会主义初级阶段理论。邓小平指出：社会主义是共产主义第一阶段，当然这是一个很长很长的历史阶段。中国又是处于共产主义第一阶段的初级阶段。习近平总书记指出："共产主义决不是'土豆烧牛肉'那么简单，不可能唾手可得、一蹴而就……实现共产主义是我们共产党人的最高理想，而这个最高理想是需要一代又一代人接力奋斗的。"[①]正是在社会主义初级阶段理论框架之下，形成了党在社会主义初级阶段的基本路线，并且制定了"三步走"战略目标。党的十九大又规划了从 2020 年到本世纪中叶的战略安排。新时代中国伟大社会变革是在正确认识社会主义发展阶段的基础上，梯次规划和实行的科学的战略安排，这是"新版"社会主义的一个显著特征。

## 四、新时代中国伟大社会变革不是国外现代化发展的翻版，是深刻把握现代化一般规律、社会主义现代化普遍规律和中国社会主义现代化特殊规律的"型版"

党的十九大报告指出，新时代是全面建设社会主义现代化强国的时代。建设社会主义现代化强国，是党领导人民进行中国社会伟大变革的继续，新时代中国伟大社会变革，不是国外现代化发展的翻版，而是深刻把握现代化一般规律、社会主义现代化普遍规律和中国社会主义现代化特殊规律的"型版"。

### （一）新时代中国伟大社会变革不是翻版

新时代中国伟大社会变革不是国外现代化发展的翻版。现代化是

① 习近平．习近平谈治国理政：第 2 卷．北京：外文出版社，2017：142-143.

一个社会由传统向现代转化的过程，是一个资本积累和技术进步的过程。国外走上现代化道路的国家归纳起来主要有两种，一种依靠战争掠夺走向现代化的道路，一种通过依附的方式走向现代化的道路。中国的现代化是社会主义现代化，既不是人类历史上血腥的现代化，又不是变成依附性国家的现代化。

西方发达资本主义国家是依靠战争掠夺走向现代化的。这类国家主要是欧美老牌的发达国家，它们依靠扩张主义、殖民主义，经过血与火的原始积累和殖民掠夺，为实现现代化积聚物质基础。《共产党宣言》中指出："不断扩大产品销路的需要，驱使资产阶级奔走于全球各地。它必须到处落户，到处开发，到处建立联系。"[①] 欧美老牌的发达国家依靠军事扩张，把弱小国家变成自己的殖民地、半殖民地，通过血腥掠夺、杀戮土著居民以及欺诈性贸易等残酷手段，利用掠夺来的大量财富，为实现独立的现代化提供了雄厚的原始积累。

我们在前边已经提到，第二次世界大战后极少数新兴国家实现的现代化是依附性现代化。依附性表现为：或者成为西方发达国家的生产基地，或者成为其前沿阵地（比如成为美国等国家的军事基地），或者成为西方金融中心的衍生中心。这一点，20 世纪五六十年代的依附理论就阐明了。依附理论的主要代表人物有阿根廷的劳尔·普雷维什、埃及的萨米尔·阿明、英国的 A. G. 弗兰克和美国的沃勒斯坦等。他们认为，世界被分为中心国家（发达国家）和外围国家（发展中国家），前者在世界经济中居支配地位，后者受前者的剥削和控制，后者依附于前者，在外围国家中存在一些依附性现代化国家。

中国的现代化是社会主义现代化，既不是人类历史上血腥的现代化，又不是变成依附性国家的现代化。一方面，中国开辟了人类

---

① 马克思，恩格斯．马克思恩格斯选集：第 1 卷．3 版．北京：人民出版社，2012：404.

历史上发展中国家走向现代化的全新道路，这种现代化不是建立在霸权主义基础上，是和平发展的现代化。中华民族是一个崇尚和平的民族，在几千年的历史上没有侵略过其他国家，这是中国社会主义现代化走和平道路的根基。中国的现代化之路经过了浴血斗争，历经苦难之后中国人民深知和平的重要性，更加珍惜和平发展的道路。强调走和平发展道路是中国特色社会主义理论的重要组成部分，习近平总书记说，“走和平发展道路，是我们党根据时代发展潮流和我国根本利益作出的战略抉择”①。这条道路来之不易，是党领导人民在理论上和实践中不断创新和探索形成的。另一方面，中国社会主义现代化是和平发展的现代化，在全球范围内引起了关注，无论从中国特色社会主义理论研究的高度来分析，还是从国际战略的角度来考虑，和平发展的现代化都带来了机遇。我国发展仍处在大有可为的重要战略机遇期，随着世界格局多极化，国际和周边环境日趋复杂，科学技术迅猛发展，中国特色社会主义现代化在和平发展的道路上阔步前行。习近平总书记指出：“世界繁荣稳定是中国的机遇，中国发展也是世界的机遇。”② 因此，中国在和平基础上发展社会主义现代化，趋利避害，积极参与经济全球化，反对霸权主义，也严格约束自己，即使在发展起来以后也永远不称霸。新时代是实现中华民族伟大复兴中国梦的时代。2014 年 3 月 27 日，在中法建交 50 周年纪念大会上，习近平总书记强调：“中国梦是追求和平的梦。”③ 他同时指出：“历史将证明，实现中国梦给世界带来的是机遇不是威胁，是和平不是动荡，是进步不是倒退。”④

### （二）新时代中国伟大社会变革是现代化的“型版”

新时代中国伟大社会变革不是国外现代化发展的翻版，它的独特优势就是社会主义现代化。当代中国的伟大社会变革是深刻把握现代

---

①② 更好统筹国内国际两个大局 夯实走和平发展道路的基础. 人民日报，2013-01-30.

③④ 习近平. 在中法建交五十周年纪念大会上的讲话. 人民日报，2014-03-29.

化一般规律、社会主义现代化普遍规律和中国社会主义现代化特殊规律的“型版”。这个“型版”具有特殊性、并联性的特点，是独立基础上的现代化，是“四化叠加”的现代化，是以人民为中心的现代化。

中国社会主义现代化的特殊性——独立基础上的现代化。中国社会主义现代化是独立自主的现代化，是中国共产党带领人民在国家独立基础上探索出的充满勃勃生机的现代化道路。中国特色社会主义能够充分保障国家独立性和主权安全。2014 年 8 月 20 日，在纪念邓小平诞辰 110 周年座谈会上，习近平总书记指出：“中国特色社会主义是适合中国国情、符合中国特点、顺应时代发展要求的理论和实践，所以才能取得成功，并将继续取得成功。”[①] 中国特色社会主义是道路、理论、制度、文化的独立，这是中国社会主义现代化的基础，又是民族工业繁荣复兴、建立现代化国民经济和国防工业体系、决定中国社会主义现代化进程的前提。独立基础上的现代化使中国在国外现代化国家遭遇世界经济危机、政治危机和社会危机时，能保持自身发展的持久动力。

中国社会主义现代化的并联性——“四化叠加”的现代化。习近平总书记指出：“我国现代化同西方发达国家有很大不同。西方发达国家是一个‘串联式’的发展过程，工业化、城镇化、农业现代化、信息化顺序发展，发展到目前水平用了二百多年时间。我们要后来居上，把‘失去的二百年’找回来，决定了我国发展必然是一个‘并联式’的过程，工业化、信息化、城镇化、农业现代化是叠加发展的。”[②] 中国社会主义现代化的并联性，可用“四化叠加”来概括。“四化叠加”是建设中国社会主义现代化的关键，工业化是信息化的前提，推动了城镇化的发展，提高了农业现代化的水平；信息化

① 中共中央文献研究室. 十八大以来重要文献选编：中. 北京：中央文献出版社，2016：48.

② 中共中央文献研究室. 习近平关于社会主义经济建设论述摘编. 北京：中央文献出版社，2017：159.

不仅促进了工业化的发展，也促进了城镇化的加速发展，提高了农业现代化的效率，推进了国家治理体系和治理能力现代化；城镇化为工业化提供了市场，为信息化的发展提供了空间，为农业现代化的发展提供了载体；农业现代化为工业化提供了劳动力资源，对信息化的发展提出了挑战，为城镇化提供了基础条件，是“四化叠加”中最薄弱的环节，通过深入推进农业供给侧结构性改革，可补齐这个“四化”的短板。“四化叠加”促进现代化建设各个环节、各个方面协调发展，不断发展新兴产业和服务业，推动传统产业向中高端迈进，发挥市场机制作用，更多依靠产业化创新来培育和形成新增长点。

## 五、新时代中国伟大社会变革“型版”的世界意义

党的十九大报告中首次提出在 2020 年全面建成小康社会之后“两步走”强国战略安排。中国将再奋斗“两个十五年”：到 2035 年“基本实现社会主义现代化”；再奋斗十五年，到本世纪中叶建成富强民主文明和谐美丽的社会主义现代化强国。这“两步走”目标的提出，是中国社会主义现代化的必然结果。通过实施一系列强国战略，将中国建成社会主义现代化强国。社会主义现代化强国为人类创造了新的现代化模式，以全新的视野深化对现代化一般规律、社会主义现代化普遍规律和中国社会主义现代化特殊规律的认识，使我们对中国社会变革的认识达到了新水平，开启了人类建设现代化的新征程。

这是为绝大多数人民群众提供发展舞台而不是只为少数人霸占舞台的现代化。党的十八届五中全会通过的“十三五”规划建议提出五大发展理念，其中的“共享”发展强调了“公平”。党的十九大报告指出新时代是逐步实现全体人民共同富裕的时代，就是让人

民群众参与到中国的现代化建设中来，让人民群众共享现代化的成果。新时代中国特色社会主义将以人民为中心贯穿于现代化建设的全过程，体现在现代化建设的各个方面，社会主义现代化强国的成果由全体人民共享，从根本上消除了社会对抗性产生的根源，消除了因个人利益至上造成的社会利益分立，以及由此导致的利益对抗。社会主义现代化强国把共同富裕作为实现现代化的目标追求，缩小分配差距，避免两极分化，使现代化发展成果更多更公平地惠及全体人民。

这是在公有制为主体、多种所有制经济共同发展基础上的现代化，不是那种生产资料私人占有为基础的现代化。公有制为主体、多种所有制经济共同发展是社会主义基本经济制度的核心要素，是中国特色社会主义生产关系的制度表达。坚持公有制为主体，促进非公有制发展，统一于社会主义现代化建设的进程中。一方面，我国仍处在社会主义初级阶段，生产力发展不平衡，需要在现代化建设中在公有制为主体的条件下发展多种所有制经济，发挥各方面的积极性，充分利用资源，激发各类市场主体活力，促进生产力的发展。另一方面，以公有制为主体的现代化，不是生产资料私人占有基础上的现代化，是为广大人民谋福祉的现代化。

这是以最少资源创造最大效益，从而节约社会资源的现代化。中国用了几十年的时间走完了国外现代化国家几百年的路，付出比其他现代化国家更小的代价，取得了比其他国家更好的成绩。为什么能够取得这样的成就？一个重要原因就是社会主义社会能够持续地解放和发展生产力，避免资本主义周期性危机带来的对社会资源的巨大破坏。中国特色社会主义根据中国的国情改革同生产力发展不相适应的生产关系和上层建筑，为生产力的发展扫清障碍，促进生产力的发展；破除各方面体制机制弊端，激发全社会创新创业活力，在现代化的建设中树立和践行绿水青山就是金山银山的理念，实现绿色循环低碳发展，形成人与自然和谐发展的现代化建设新格局；在生产、流通、消费等领域，提高资源利用率，以更少资源消耗，更少环境污染，实现可持续发展，使中国经济行稳致远。习近平总书记多次强调“我们要的是有质量、有效益、可持续的发展”①。社会主义现代化就是花最少的钱，办最大的事，而且是为最广大人民办成最好的事。

① 中共中央文献研究室．十八大以来重要文献选编：中．北京：中央文献出版社，2016：245.

China's **New Era**

# 第六章

# 伟大复兴征程上的“娄山关”：新时代要解决的重大问题

# 6

# 伟大复兴征程上的“娄山关”：新时代要解决的重大问题

习近平总书记曾经引用过杨万里的《过松源晨炊漆公店》中的诗句，说明中国今后面临问题的复杂性和艰难性。“莫言下岭便无难，赚得行人空喜欢。正入万山圈子里，一山放过一山拦。”我们要遇到的风险和挑战还会有很多。2018 年 7 月 3 日至 4 日，全国组织工作会议在北京召开，习近平总书记出席会议并发表重要讲话。他指出：特别是要看到，在新时代，我们党领导人民进行伟大社会革命，涵盖领域的广泛性、触及利益格局调整的深刻性、涉及矛盾和问题的尖锐性、突破体制机制障碍的艰巨性、进行伟大斗争形势的复杂性，都是前所未有的。

## 一、适应社会主要矛盾的变化，更好地满足人民群众对美好生活的向往

党的十九大报告指出：中国特色社会主义进入新时代，我国社会主要矛盾已经转化为人民日益增长的美好生活需要和不平衡不充分的发展之间的矛盾。我国稳定解决了十几亿人的温饱问题，总体上实现小康，不久将全面建成小康社会，人民美好生活需要日益广泛，不仅对物质文化生活提出了更高要求，而且在民主、法治、公平、正义、安全、环境等方面的要求日益增长。我们要把握好这些新变化。

### （一）改革开放 40 多年，需求的领域扩展了。人民群众需要的内涵和领域不断扩大，从基本物质文化需要向多样化需要扩展

习近平指出：“党的根基在人民、力量在人民。现在，人民群众对美好生活的向往更多向民主、法治、公平、正义、安全、环境等方面延展。”除了这些之外，人民群众物质文化需要的一个新的增长领域就是养老服务。近几年我国人口结构发生重大变化，老年人口比重上升，对养老的需求呈几何级数增长，但老年服务产业发展还比较滞

后。我们的具体目标是：到 2020 年，养老服务市场全面放开，养老服务和产品有效供给能力大幅提升，供给结构更加合理，养老服务政策法规体系、行业质量标准体系进一步完善，信用体系基本建立，市场监管机制有效运行，服务质量明显改善，群众满意度显著提高，养老服务业成为促进经济社会发展的新动能。

### （二）改革开放 40 多年，需求的质量提升了。人民群众的需要日益增长，这种增长不仅是需要内容的扩展，而且是需要质量的提升

党的十八大之前，我们要解决的是“有没有”的问题，进入新时代，我们要解决的是“好不好”的问题。习近平总书记在 2017 年的“7・26”讲话中讲到了八个“更”，每一个“更”都包含着质量的要求。更好的教育，不仅意味着提高教育质量和教学水平，而且要使教育资源尽可能实现相对均衡化分配；更稳定的工作，不仅意味着有更多的就业岗位，而且意味着有更高质量的工作岗位；更满意的收入，不仅意味着居民收入能持续增长，而且意味着收入差距能逐步缩小；更可靠的社会保障，不仅意味着保障的覆盖面和保障程度不断提高，而且意味着保障增强公平性、适应流动性、保证可持续性；更高水平的医疗卫生服务，不仅意味着提升医院医生的诊疗水平，而且意味着医疗卫生资源能实现相对均衡化分配；更舒适的居住条件，不仅意味着要逐步解决广大群众的住房问题，而且要尽可能降低群众在住房方面的支出，降低负担；更优美的环境，不仅意味着治理好雾霾等突出的环境问题，还要解决好地绿水净等问题；更丰富的精神文化生活，不仅意味着满足群众基本的文化需要，而且意味着要让人民精神文化生活不断迈上新台阶。

### （三）改革开放 40 多年，需求的环境优美了。人民群众的生态环境需要不断升级而且呈现出个性化的特点

2013 年 9 月 7 日，习近平总书记在哈萨克斯坦纳扎尔巴耶夫

大学发表演讲，并回答学生提出的问题，在谈到环境保护问题时，他指出："我们既要绿水青山，也要金山银山。宁要绿水青山，不要金山银山，而且绿水青山就是金山银山。"人民群众对清新空气、清澈水质、清洁环境等生态产品的需求越来越迫切，良好的生态环境越来越珍贵，人民群众对良好生态环境的期待越来越高。党的十九大报告指出："我们要建设的现代化是人与自然和谐共生的现代化，既要创造更多物质财富和精神财富以满足人民日益增长的美好生活需要，也要提供更多优质生态产品以满足人民日益增长的优美生态环境需要。"2018 年 6 月 24 日发布的《中共中央　国务院关于全面加强生态环境保护　坚决打好污染防治攻坚战的意见》指出：让良好生态环境成为人民幸福生活的增长点、成为经济社会持续健康发展的支撑点、成为展现我国良好形象的发力点。

### （四）改革开放 40 多年，需求的内容更加主观化了，人们的主观感受越来越重要了

美好生活不仅意味着满足人民的客观需求，还要注意人民的主观感受，也就是人民群众的获得感、幸福感、安全感。在人民的基本物质文化需求得到满足后，主观性的需求特别是心理需求越来越重要。习近平总书记 2018 年 4 月 27 日对来访的印度总理莫迪说："有没有"的问题一代代地去解决，经历了一个台阶、一个台阶排浪式消费的过程，先是解决自行车、缝纫机的问题，然后是电视机、电冰箱的问题，再是解决房子、小汽车等问题，现在逐渐进入个性化、多样化、小批量的需求阶段。吃饱了，还要吃好了，吃完了很舒坦，心里美滋滋的，就像韩非子描绘的一种理想主义的国家与社会图景的"至安之世"："至安之世，法如朝露，纯朴不散，心无结怨，口无烦言。"

# 二、推动高质量发展，使中国经济勇立时代潮头

## （一）新的工业的建立已经成为一切文明民族生死攸关的问题

马克思主义认为，物质生产力是全部社会生活的物质前提，生产力是推动社会进步最活跃、最革命的要素。发展生产力，非常根本的一点就是发展现代化大工业，建设制造强国。早在 170 多年前，马克思、恩格斯在《共产党宣言》中就明确指出：旧的民族工业被消灭了，并且每天都还在被消灭。它们被新的工业排挤掉了，新的工业的建立已经成为一切文明民族生死攸关的问题。

从世界经济发展的规律来看，强大的国家一定有雄厚的制造业基础。回顾 20 世纪 80 年代中期，当时美国制造业的霸主地位受到日本的挑战，钢铁、汽车、家电、存储芯片产业江河日下，当时美国人发誓要“夺回失去的优势”。1986 年下半年，美国麻省理工学院集聚一批多学科技术专家、经济学家和管理学家组成工业生产率委员会，几十位专家学者经过三年的调查和研究，仅八个行业调查就访问了 200 多个世界级大公司、550 位专家，1989 年形成了名为“美国制造”的研究成果。结论就是：“一个国家要想生活得好，就要生产得好。”之后，全球知名企业家、美中贸易委员会主席、陶氏化学 CEO 利伟诚出版《美国制造：从离岸到回岸，如何改变世界》一书，他以陶氏化学为例指出，制造业岗位外流，将导致一个国家或城市无法长期保留设计、研发与企业总部，长期脱离制造，其研发能力会萎缩，“将没有知识产权的产生”。哈佛大学商学院企业管理教授加里・皮萨诺和该院技术运营管理教授威利・史则出版了《制造繁荣：美国为什么需要制造业复兴》一书，强调了制造业的极端重要性。美国马尼托巴大学终身名誉教授瓦科拉夫・斯米尔在 21 世纪第二个十年的开始出版

了《美国制造：国家繁荣为什么离不开制造业》一书，从美国制造史的角度，揭示出不同历史阶段制造业在推动美国崛起繁荣中起到的不可替代的作用。美国在当今世界的高端制造业上具有主导地位，其经济统摄力是巨大的。按照波音公司公布的 2014 年产品目录，平均每架波音 787 飞机目录价格为 2.571 亿美元，按当时 1 美元兑换 6.2 元人民币的汇率计算，折合人民币约 15.94 亿元。

中国必须在制造业特别是在高端制造业上迎头赶上。2015 年国务院发布的《中国制造 2025》指出：制造业是国民经济的主体，是立国之本、兴国之器、强国之基。18 世纪中叶开启工业文明以来，世界强国的兴衰史和中华民族的奋斗史一再证明，没有强大的制造业，就没有国家和民族的强盛。我们应更多依靠中国装备、依托中国品牌，实现中国制造向中国创造的转变、中国速度向中国质量的转变、中国产品向中国品牌的转变，完成中国制造由大变强的战略任务，力争通过“三步走”实现制造强国的战略目标。第一步：力争用十年时间，迈入制造强国行列。到 2025 年，制造业整体素质大幅提升，创新能力显著增强。第二步：到 2035 年，我国制造业整体达到世界制造强国阵营中等水平。第三步：新中国成立一百年时，制造业大国地位更加巩固，综合实力进入世界制造强国前列。当前，美国针对中国制造设置种种障碍，我们必须坚定不移把战略贯彻下去，决不可半途而废。

## （二）发展时间经济，把空间经济转向时间经济

马克思十分重视资本的时间性。马克思指出：“把商品从一个地方转移到另一个地方所花费的时间缩减到最低限度。资本越发展，从而资本借以流通的市场，构成资本空间流通道路的市场越扩大，资本同时也就越是力求在空间上更加扩大市场，力求用时间去更多地消灭空间。”①

① 马克思，恩格斯．马克思恩格斯全集：第 46 卷（下）．北京：人民出版社，1980：33.

马克思还写道，"生产越是以交换价值为基础，因而越是以交换为基础，交换的物质条件——交通运输工具——对生产来说就越是重要。资本按其本性来说，力求超越一切空间界限。因此，创造交换的物质条件——交通运输工具——对资本来说是极其必要的"①。那么，什么是时间经济？时间经济的含义包括以下几点：

第一，时区经济，以时区的互补为基础发展交易性经济。伦敦、纽约、东京三大城市共同构成了 24 小时的不眠之夜，这为"不能过夜的资本"提供了全球运作的平台。全球三大证券市场由此形成。华尔街、金融城、新宿之间构成了一个完整的金融链条。2010 年 9 月中央电视台曾经播出电视纪录片《华尔街》：纽交所结束了一天的交易，但华尔街人的工作并没有停止，3 个小时后亚洲证券交易市场的开市钟声将首先在东京敲响，11 个小时后伦敦交易市场也开始沸腾起来。在经济全球化的时代，资本已经挣脱了时空的束缚，在更加广阔的金融星球上运转着。

第二，时序经济。日常经济活动不是局限于 8 小时的工作时间拉动和派生的经济活动，而是充分延伸了时长的经济活动，特别是其夜间的经济活动非常活跃，进而不断衍生出新的经济增长点，发展适合人们夜间消费的经济形态，使更多的人能够在夜间进行生产和消费。一般而言，从人们的行为习惯来看，夜间的消费能力会大于白天。我们有的城市已经开始重视夜间经济的发展。2017 年 11 月，南京市出台了《市政府办公厅关于加快推进夜间经济发展的实施意见》。该意见指出：夜间经济的繁荣程度是一个城市经济开放度、活跃度的重要标志，是发展现代城市经济的重要内容。

第三，发展挣脱时间链条的电子交易平台，使交易始终能够 24 小时运行，进一步完善和发展微信、支付宝这样的交易方式，使之更加快捷、安全。

① 马克思，恩格斯. 马克思恩格斯全集：第 46 卷（下）. 北京：人民出版社，1980：16.

第四，发展提升单位时间经济效益的知识密集型服务业。2016年5月，中共中央、国务院印发了《国家创新驱动发展战略纲要》，首次提出：到2020年进入创新型国家行列，科技进步贡献率提高到60%以上，知识密集型服务业增加值占国内生产总值的20%。知识密集型服务业就是包括律师事务所、会计师事务所、评级机构以及风险投资公司在内的生产性服务业。这些服务业的单位时间经济效益是非常高的。例如，2017财年，毕马威会计师事务所全球总收入为264亿美元、德勤为388亿美元、普华永道为377亿美元、安永为314亿美元，加起来超过1 300亿美元，折合人民币8 000亿元以上。2018财年，上述四家会计师事务所营收超过1万亿元人民币。

## 三、实现共享发展，做大分好吃美“蛋糕”

习近平总书记十分重视人民群众的共享问题。他在2013年11月12日指出：“一个时期有一个时期的问题，发展水平高的社会有发展水平高的问题，发展水平不高的社会有发展水平不高的问题。‘蛋糕’不断做大了，同时还要把‘蛋糕’分好。我国社会历来有‘不患寡而患不均’的观念。我们要在不断发展的基础上尽量把促进社会公平正义的事情做好，既尽力而为、又量力而行，努力使全体人民在学有所教、劳有所得、病有所医、老有所养、住有所居上持续取得新进展。”① “共享”是中国特色社会主义的本质要求。作为新发展理念之一，“共享发展”的科学内涵包括：（1）共享是全民共享，共享发展是人人享有、各得其所，不是少数人共享、一部分人共享；（2）共享是全面共享，共享发展就要共享国家经济、政治、文化、社会、生态各方面建设成果，全面保障人民在各方面的合法权益；（3）共享是共

① 中共中央文献研究室．习近平关于全面建成小康社会论述摘编．北京：中央文献出版社，2016：135．

建共享，共建才能共享，共建的过程也是共享的过程，要充分发扬民主，广泛汇聚民智，最大限度激发民力，形成人人参与、人人尽力、人人都有成就感的生动局面；（4）共享是渐进共享，共享发展必将有一个从低级到高级、从不均衡到均衡的过程，即使达到很高的水平也会有差别。那么，究竟该怎样实现这样一种共享发展的新局面呢？

## （一）不断深化改革，把“蛋糕”做大，全体人民共享才是现实的

共享发展的目标就是通过全体人民的共同努力，使发展成果惠及每个个体，每个人平等地享有发展进步的机会，减少因外部环境带来的个人发展机会的不平等，使人人真正站在同一起跑线上，使后富的人、未富的人真正富起来，最后实现共同富裕。共享发展不是“拆东墙补西墙”式的以“多”补“少”，而是使“少”变成“多”。因此必须把“蛋糕”做大，只有做大“蛋糕”，全体人民共享才既是现实的，也是可能的。

把“蛋糕”做大，就要以“大众创业，万众创新”的智慧做出更多更大的美味“蛋糕”。以创业创新推动经济结构调整、打造发展新引擎、增强发展新动力，以此稳增长、扩就业、激发亿万群众的智慧和创造力，促进社会纵向流动和公平正义的实现。充分发挥科技创新的引领作用和科技人员的骨干中坚作用，最大限度地激发群众的无穷创造力。依托“互联网＋”平台，集中大众力量推动科学进步和技术创新，顺畅科技成果转化通道，缩短创新成果与产业发展对接进程，实现科技发展与人民群众的创造力在更大范围、更深程度、更高层次上融合起来，为经济发展注入新的力量和活力，形成经济发展的新动力。

把“蛋糕”做大，就要完善社会主义初级阶段的基本经济制度，做出更诱人的“蛋糕”。实行包括公有制为主体、多种所有制经济共同发展在内的基本经济制度，是中国特色社会主义制度的重要组成部分，是推动经济增长的重要动力。公有制经济为国家建设、国防安全、人民生活改善做出了突出贡献，是全体人民的宝贵财富，发展好

公有制经济就要不断增强国有经济活力、控制力、影响力，为广大民众带来实实在在的利益。非公有制经济是社会主义市场经济的重要组成部分，是我国经济社会发展的重要基础，非公有制经济的发展能够形成大家齐心协力聚气力、众人拾柴火焰高的局面。

把“蛋糕”做大，就要推进供给侧结构性改革，实现“去产能、去库存、去杠杆、降成本、补短板”，做出高品质的“蛋糕”。从生产领域加强优质供给，减少无效供给，扩大有效供给，提高供给结构适应性和灵活性，提高全要素生产率，使供给体系更好适应需求结构变化，增强生产活力，提高生产力水平。随着人民生活水平的不断提高，我国居民的消费方式和消费结构发生巨大的变化，由追求高端奢侈品逐步向高品质的日用品转移，而国内的供给市场没有及时跟上消费结构的变化，大量国内民众出境购买高品质日用品。因此，必须通过供给侧结构性改革，提高供给的适应性和灵活性，提升有效供给能力。实现供给消费完美对接，防止消费能力、消费市场外流，以供给适应消费，以消费促进经济持续增长。

### （二）分好“蛋糕”也是一门科学，只有完善体制机制才能把“蛋糕”分好

分好“蛋糕”也是一门科学，要以共建共享为基本原则，在体制机制、制度政策上系统谋划。

完善分配制度，调整收入分配格局，缩小贫富差距。目前，我国贫富差距仍然较大。实现共享发展，必须缩小收入差距，通过制度政策使收入差距缩小至合理区间，形成合理的收入分配格局。首先，完善市场评价要素贡献并按贡献分配的机制。健全科学的工资水平决定机制、正常增长机制、支付保障机制，推行企业工资集体协商制度，完善最低工资增长机制；健全高技能人才薪酬体系，提高技术工人待遇；完善适应机关事业单位特点的工资制度。实行以增加知识价值为导向的分配政策，加强对创新人才的股权、期权、分红激励。提高科研人员成果转化收益分配比例。发挥收入分配政策激励作用，多渠道

增加城乡居民财产性收入。其次，健全再分配调节机制。实行有利于缩小收入差距的政策，明显增加低收入劳动者收入，扩大中等收入者比重。最后，保护合法收入，规范隐性收入，遏制以权力、行政垄断等非市场因素获取收入，取缔非法收入。

深化社会领域的改革，拓宽人民分“蛋糕”的机会和渠道。这主要包括以下几个方面：打破阶层、职业、地区、城乡的壁垒和障碍，使社会全体人员在各阶层、各地区、城乡之间能够更加通畅地自由流动，获得更多的发展机会和发展可能；探索资产收益扶持制度，通过土地托管、扶持资金折股量化、农村土地经营权入股等方式，让贫困人口分享更多资产收益；对在贫困地区开发水电、矿产资源占用集体土地的，试行给原住居民集体股权进行补偿；完善资源开发收益分享机制，使贫困地区更多分享开发收益。

### （三）推进基本公共服务均等化，做好从顶层设计到“最后一公里”

落实共享发展是一门大学问，要做好从顶层设计到“最后一公里”落地的工作，在实践中不断取得新成效。

一方面要推进基本公共服务均衡化。当前，我国基本公共服务发展不均衡问题比较突出，基本公共服务产品的供给（教育、医疗、养老等）分配不均衡，地区之间、城乡之间基本公共服务水平差距较大。实现共享发展，要努力做好以下工作：首先，要建立健全社会保障制度。社会保障制度是现代国家重要的社会经济制度，也是社会文明进步的重要标准之一。习近平总书记指出：我们要建立更加公平可持续的社会保障制度，完善城镇职工基本养老，城乡居民养老，城镇基本医疗、失业、工伤、生育等保险，加强社会救助，提高社会福利水平。其次，要大力推进基本公共服务供给均等化，保障基本公共服务的供给水平，打破地区、财政的限制，使各地人民均等享有基本公共服务。最后，国家财政保障基本公共服务的资金来源，尤其要向西部、农村等公共服务严重缺失的地区倾斜，提高这些地区的公共服务水平和公共服务质量，真正实现全体人民共享。

另一方面，要切实解决好贫困家庭特别是农村贫困家庭的贫困问题。习近平总书记指出："全面建成小康社会、实现第一个百年奋斗目标，农村贫困人口全部脱贫是一个标志性指标。对这个问题，我一直在思考，也一直在强调，就是因为心里还有些不托底。所以，我说小康不小康，关键看老乡，关键看贫困老乡能不能脱贫。"① 目前，脱贫任务十分艰巨，要解决这个问题，必须统筹全局安排，从制度政策角度予以扶持，改变传统的"灌水式""输血式"扶贫模式。"授人以鱼不如授人以渔。"找出贫困的根源，抓住贫困的根本，对症下药，精准扶贫。从制度政策上给予大力扶持，保障交通、水源、电力、通信等基础公共设施健全；完善基本社会保障体系，对因病致贫和因残致贫的家庭给予基本的生活保障和建立相应的救助机制；通过产业扶贫、移民搬迁、转移就业、教育扶贫、健康扶贫、生态扶贫等多项措施防止贫困代际传递，消除贫困根源；加大对贫困地区的关注和投入力度，结合本地实际情况和特点，进行相关项目的投资、开发、建设，充分调动本地资源，发挥本地的优势，发挥地区的主观能动性，通过勤劳奋斗脱贫致富。

## 四、全面加强党的领导，使党始终走在时代前列

### （一）始终坚持好民主集中制

2018 年 12 月 25 日至 26 日，中共中央政治局召开民主生活会。在民主生活会上的讲话中，习近平指出，民主集中制是我们党的根本组织原则和领导制度，是马克思主义政党区别于其他政党的重要标

---

① 中共中央文献研究室．习近平关于全面建成小康社会论述摘编．北京：中央文献出版社，2016：154．

志。这一重要论断丰富发展了马克思主义党的建设的理论，也阐明了中国共产党日益强大的根本原因，更为我们在今后加强和改善党的领导指明了方向。

第一，民主集中制是我们党的根本组织原则和领导制度，是我们党成长壮大、战胜一切艰难险阻的强大制度保障。在领导人民进行的近百年的波澜壮阔的宏伟进程中，中国共产党人在自我革命性锻造中不断锤炼进行伟大革命的法宝，其中之一就是党的建设。在新民主主义革命、社会主义革命和社会主义建设时期，在推进党的建设这一伟大工程的过程中，我们党把民主集中制确立为自己的根本组织原则和领导制度。改革开放以来，在推进党的建设这一新的伟大工程中，我们党完善和发展了民主集中制原则和制度。

民主集中制原则是由马克思主义政党的根本性质所要求的。马克思主义创始人一再强调，要使无产阶级在决定关头强大到足以取得胜利，无产阶级必须组成一个不同于其他所有政党并与它们对立的特殊政党，一个自觉的阶级政党。这样一个自觉的阶级政党不是个人偶然的自由组合，也不是党的各级组织的简单总和；不是党员重叠共识的交叉集合，也不是特殊利益群体的随意组合。它是根据党的纲领与章程，按照先进的组织原则组织起来的有组织的部队。这种先进的组织原则就是民主集中制。这种原则的精神就是民主团结、统一纪律。恩格斯在1881年写的《工人党》中指出，无产阶级的政党必然是民主的政党，同时又是有纪律的党：“在英国只有工人党才可能是真正民主的政党。”① 毛泽东在1962年指出：“拿中央常委或者政治局来说，常常有这样的事情，我讲的话，不管是对的还是不对的，只要大家不赞成，我就得服从他们的意见，因为他们是多数。听说现在有一些省委、地委、县委，有这样的情况：一切事情，第一书记一个人说了就算数。这是很错误的。哪有一个人说了就算数的道理呢？我这是指的大事，不是指有了决议之后的日常工作。只要是大事，就得集体讨

① 马克思，恩格斯．马克思恩格斯全集：第19卷．北京：人民出版社，1963：306.

论，认真地听取不同的意见，认真地对于复杂的情况和不同的意见加以分析。”①

民主集中制是我们党和国家的根本制度，也是最便利的制度、最合理的制度，是我们党最大的制度优势。90 多年前，列宁讲过：“一个弄得精疲力竭的又弱又落后的国家竟战胜了世界上几个最强大的国家，如果想一想出现这种历史奇迹的根本原因究竟在哪里，那么，我们可以看出，根本原因就在于集中、纪律和空前的自我牺牲精神。”②民主集中制是共产党成长壮大的根本制度保障，也是战胜一切艰难险阻的根本制度保障。这项制度正确规范了党内政治生活、处理党内关系的基本准则，是反映、体现全党同志和全国人民的利益与愿望，保证党的路线方针政策正确制定和执行的、科学的、合理的、有效率的制度。它把充分发扬党内民主和正确实行集中有机结合起来，既可以最大限度激发全党创造活力，又可以统一全党思想和行动，有效防止和克服议而不决、决而不行的分散主义。民主集中制有利于团结人民，提高效率。1987 年 10 月 13 日，在会见匈牙利社会主义工人党总书记卡达尔时，邓小平就指出：“再如民主集中制也是我们的优越性。这种制度更利于团结人民，比西方的民主好得多。”③ 民主集中制比西方民主制好在哪儿？邓小平认为，民主集中制有利于使广大人民群众形成共同的理想信念，克服彼此的分歧，凝聚成一股强大的建设社会主义的力量；民主集中制有利于防止西方政治体制中的“互相牵扯，议而不决，决而不行”的局面，形成高的总效率。

第二，党的十八大以来，党中央各项决策都严格执行民主集中制，推动党和国家事业发生历史性变革。党的十八大以来，我们解决了许多长期想解决而没有解决的难题，办成了许多过去想办而没有办成的大事，推动党和国家事业发生历史性变革。重要的原因就是党中央各项决策都严格执行了民主集中制，都注重充分发扬党内民主，都

① 毛泽东. 毛泽东文集：第 8 卷. 北京：人民出版社，1999：294-295.
② 列宁. 列宁全集：第 38 卷. 2 版. 北京：人民出版社，1986：269.
③ 邓小平. 邓小平文选：第 3 卷. 北京：人民出版社，1993：257.

是经过深入调查研究、广泛听取各方面意见、进行反复讨论而形成的。习近平指出：要把我们这样一个大党大国治理好，就要掌握方方面面的情况，这就要靠发扬党内民主而来，靠各级党组织和广大党员、干部广泛听取民声、汇聚民意而来。

在全面深化改革和推进社会主义现代化过程中，我们党强调坚持民主集中制原则，充分集中全党全国人民的智慧，调动了人民群众的创造伟力，中国特色社会主义和改革开放进入新时代。每一项重大决定的出台都体现着民主集中制的精髓。2013 年对在新的历史起点上全面深化改革做出战略部署的《中共中央关于全面深化改革若干重大问题的决定》闪耀着民主集中制的要义，始终体现了充分发扬民主、深入调查研究、科学权威集中的要求。2014 年党的十八届四中全会通过的《中共中央关于全面推进依法治国若干重大问题的决定》、2015 年党的十八届五中全会通过的《中共中央关于制定国民经济和社会发展第十三个五年规划的建议》、2016 年党的十八届六中全会通过的《关于新形势下党内政治生活的若干准则》和《中国共产党党内监督条例》都充分体现了民主集中制的要求。面向新时代的政治宣言和行动纲领——党的十九大报告诞生的过程，也是一部生动的民主集中制原则得以贯彻落实的过程。2017 年 1 月 17 日，中共中央向各省、自治区、直辖市党委，中央各部委，国家机关各部委党组（党委），解放军各大单位、中央军委机关各部门党委，各人民团体党组发出《关于对党的十九大报告议题征求意见的通知》，决定对党的十九大报告议题在党内一定范围内组织讨论，广泛征求意见。同时，还将通过一定方式征求党外人士意见和建议。2 月上旬，根据起草组的工作部署，9 个调研组赴 16 个省区市，就党的十九大报告议题进行调研，召开各级各类座谈会 65 次。2 月 20 日至 3 月 31 日，按照党中央部署的 21 个重大理论和实践问题，59 个承担部门和单位组成 80 个调研组，深入 1 817 个基层单位开展实地调研，召开 1 501 次座谈会和研讨会，参会或接受访谈人数21 532 人，形成 80 份专题调研报告。5 月下旬，25 个国家高端智库建设试点单位形成了 65 份围绕党和国家发展面临的重大理论和实践问题开展深入调研形成的报告，提供起草组研究参考。8 月 5 日，中共中央向各省、自治区、直辖市党委，中央各部委，国家机关各部委党组（党委），解放军各大单位、中央军委机关各部门党委，各人民团体党组发出通知，在党内一定范围组织讨论，征求对党的十九大报告稿的意见。截止到 8 月 25 日，各地区各部门各方面对党的十九大报告征求意见稿的意见和建议全部按期返回，共计征求4 700 余人的意见，收到书面反馈材料总计 118 份。中央领导同志和党内老同志反馈意见 33 份。经过汇总、整理，各地区各部门各方面共提出修改意见 2 027 条，扣除重复意见后为 1 773 条，其中原则意见 179 条，具体修改意见 1 594 条；具体修改意见中，实质性修改意见 1 208 条，文字性修改意见 386 条。

在全面加强党的领导和党的建设过程中，我们充分落实民主集中制原则，坚决改变管党治党宽松软状况，全面从严治党成效卓著。党的十八大以来，我们勇于面对党面临的重大风险考验和党内存在的突出问题，以顽强意志品质正风肃纪、反腐惩恶，消除了党和国家内部存在的严重隐患，使党内政治生活气象更新，党内政治生态明显好转，党的创造力、凝聚力、战斗力显著增强。能够取得这样的成效，一个重要原因就是我们严格执行了党的民主集中制。我们始终强调民主集中制的组织优势。2014 年 1 月，在中纪委第三次全体会议上发表重要讲话时，习近平指出："民主集中制、党内组织生活制度等党的组织制度都非常重要，必须严格执行。各级领导班子和领导干部都要严格执行请示报告制度。"① 请示报告制度是党的政治纪律的要求，也是民主集中制原则的内在要求。贯彻执行民主集中制，建立了严格的请示报告制度，防止了执行民主集中制过程中的"破窗效应"。习近平强调，我们党的历史经验表明，党中央权威和集中统一领导坚持得好，党的事业就兴旺发达；反之，党的事业就遭受挫折。我们加强了民主集中制教育培训、考核评价，使全党贯彻落实民主集中制的意

① 习近平. 习近平谈治国理政：第 1 卷. 2 版. 北京：外文出版社，2018：396.

识大为提高。2013 年 10 月，中央党的群众路线教育实践活动领导小组印发《关于认真学习贯彻习近平总书记重要讲话精神切实开好专题民主生活会的通知》，强调要坚持贯彻执行民主集中制，加强民主集中制教育培训，加强民主集中制贯彻执行情况的经常分析和考核评估，加大民主集中制执行力度，对贯彻执行不力、发生重大偏差和失误的班子和个人追究责任。

第三，坚持好民主集中制就要处理好若干重大关系。我们现在所处的，是一个船到中流浪更急、人到半山路更陡的时候，是一个愈进愈难、愈进愈险而又不进则退、非进不可的时候。我们前进的每一步必定会面临这样那样的风险挑战，甚至会遇到难以想象的惊涛骇浪。比如，2020 年的抗击新冠肺炎疫情。靠什么战胜惊涛骇浪？靠加强和改善党的领导，靠充分发挥党内民主，靠党中央权威和集中统一领导。

要处理好民主与集中的关系，只有充分的民主才能防止个人专断，只有有效的集中才能防止无政府状态。习近平指出，民主集中制包括民主和集中两个方面，两者互为条件、相辅相成、缺一不可。我们要把民主和集中有机统一起来，真正把民主集中制的优势变成我们党的政治优势、组织优势、制度优势、工作优势。党的十九大报告指出：完善和落实民主集中制的各项制度，坚持民主基础上的集中和集中指导下的民主相结合，既充分发扬民主，又善于集中统一。民主与集中是辩证统一的关系，不是对立的关系。充分民主的过程就是有效集中的过程，而正确集中的过程也是充分发扬民主的过程。那种认为实行民主就会削弱集中的观点，那种认为实行集中就是不用发扬民主的观点，都是不正确的。要把两者真正有机统一在一起，就要做到两点：首先，要提高领导干部的民主素养。领导干部要把民主素养作为一种领导能力来培养，作为一门领导艺术来掌握。民主素养意味着领导干部要有平等待人、与人为善的真诚态度，要反对特权思想，更要反对盛气凌人，要把自己摆在与其他人平等的地位；民主素养意味着要有虚怀若谷、海纳百川的宽阔胸襟，能够听取各方面的意见，包括不同意见，力争把各方面的真实意见掌握全、掌握准，进行反复研究、反复比较、择善而从。其次，要提高领导干部的集中艺术。要善于正确集中，把不同意见统一起来，把各种分散意见中的真知灼见提炼概括出来，把符合事物发展规律、符合广大人民群众根本利益的正确意见集中起来，做出科学决策。

要处理好集体领导与个人分工负责的关系，防止集体领导变成无人领导，防止个人分工负责变成私人禁脔。集体领导就是要求党的各个组织是坚强的集体领导组织，是一个能够充分集中党员和广大人民群众意志的集体。集体领导不是没有责任的推诿扯皮的领导，更不是没有分工责任的领导。集体领导要以明确的个人分工负责为前提，要坚决防止一些党员领导干部把主管地区当作禁脔，将服务领域变成私人领地。

处理好这一关系，首先要把民主集中制原则贯彻到党的建设制度改革之中，建立健全民主集中制的具体制度，包括党内民主的机制化和程序化、集中过程的规范化和标准化等。党的十八大以来，以习近平同志为核心的党中央在这个方面做了大量卓有成效的工作。2013年中央发布的《中央党内法规制定工作五年规划纲要（2013—2017年）》就强调民主集中制要具体化，提出抓紧建立健全民主集中制的具体制度，着力构建党内民主制度体系，切实推动民主集中制具体化、程序化，真正把民主集中制重大原则落到实处。2014 年 8 月 29 日中共中央政治局会议审议通过的《深化党的建设制度改革实施方案》再次阐述了民主集中制制度的具体化。会议强调，党的组织制度改革，重点是坚持和完善民主集中制、严格党内生活，进一步健全和完善党内民主制度体系。其次，强调贯彻执行民主集中制是所有党员的政治责任，每一个人都要自觉地树立民主集中制的意识。习近平指出：贯彻执行民主集中制是全党的共同政治责任，首先是各级领导干部特别是中央政治局同志的责任，大家要发挥表率作用。2013 年 11 月 15 日，在党的十八届一中全会的讲话中，习近平明确指出，民主集中制是激发党的创造力、保持党的团结统一的根本保证。民主集中制贯彻得怎么样，关键看高级干部做得怎么样。各级党组织和领导干部要牢固树立大局观念和全局意识，正确处理保证中央政令畅通和立足实际创造性开展工作的关系，任何具有地方特点的工作部署都必须以贯彻中央精神为前提。要防止和克服地方和部门保护主义、本位主义，决不允许“上有政策、下有对策”，决不允许有令不行、有禁不止，决不允许在贯彻执行中央决策部署上打折扣、做选择、搞变通。

### （二）提高驾驭社会主义市场经济的能力

从 1992 年中国明确提出开始建立社会主义市场经济体制，经过近 30 年的发展，我们不仅建立了这一体制，而且完善了这一体制，并且使市场在配置资源中发挥决定性作用。市场经济的发展给党的建设带来了巨大的挑战：如何使党不被市场逻辑所驾驭？我们党一直强调提高驾驭社会主义市场经济的能力，而且明确提出“四大考验”中要经受住市场经济的考验。

其一，防止党内出现利益集团。这是近 100 年来，很多共产党人在思考的重大问题。1923 年，匈牙利著名的思想家、匈牙利共产党的领导人、匈牙利 1918 年苏维埃共和国的教育人民委员、为保卫苏维埃政权而担任过红军政治委员的卢卡奇在德国柏林出版了《历史与阶级意识》一书。这本书被有的学者称为“所有哲学著作中影响最大、引起争议最大，也许是最重要的著作之一”。法国 20 世纪最重要的思想家之一梅洛-庞蒂称誉《历史与阶级意识》一书为西方马克思主义的“圣经”，包含了西方马克思主义的秘密所在。卢卡奇曾经谈到一个问题：无产阶级内部会不会出现社会分层，进而会不会出现利益集团？卢卡奇指出：“在（俄共）第二次代表大会关于‘共产党在无产阶级革命中的作用’的论纲中几乎逐字逐句复述了《共产党宣言》中的一段话：‘共产党没有任何同整个无产阶级的利益不同的利益，它比其余的无产阶级群众优越的地方在于它清楚地了解整个无产阶级所要走的历史道路，并且力求在这条道路的一切转弯处不是捍卫个别集团或职业的利益，而是捍卫整个无产阶级的利益’。”[①] 1926年10月14日意大利共产党的创始人葛兰西为意共政治局起草了致联共（布）中央的一封信。葛兰西在这封信中还精辟地分析了新生工人国家面临的困难和危险，“在历史上从未见过一个统治阶级整体上生活条件低于被统治阶级和从属阶级的某些分子和阶层。历史把这种前所未闻的矛盾留给了无产阶级；无产阶级专政的巨大危险恰恰在于这种矛盾，尤其在那些资本主义没有充分发展、不能统一生产力的国家内更是如此”。“然而，如果无产阶级不以牺牲行会利益来克服这种矛盾的话，就不能成为统治阶级，即使成为统治阶级，如果不能为了阶级的普遍与长远利益而牺牲那些直接利益的话，也不可能坚持无产阶级领导权和无产阶级专政。”我们党高度重视这一问题，2015年10月29日，在党的十八届五中全会第二次全体会议上的讲话中，习近平总书记指出了最根本的方法：“全党同志特别是各级领导干部都要牢记党章中的规定：党除了工人阶级和最广大人民群众的利益，没有自己特殊的利益。如果有了自己的私利，那就什么事情都能干出来。党内不能存在形形色色的政治利益集团，也不能存在党内同党外相互勾结、权钱交易的政治利益集团。党中央坚定不移反对腐败，就是要防范和清除这种非法利益关系对党内政治生活的影响，恢复党的良好政治生态，而这项工作做得越早、越坚决、越彻底就越好。”[②]

其二，防止商品交换原则渗透到党内生活中来。2014年10月8日，在党的群众路线教育实践活动总结大会上的讲话中，习近平总书记指出：“不可否认的是，在发展社会主义市场经济条件下，商品交换原则必然会渗透到党内生活中来，这是不以人的意志为转移的。社会上各种各样的诱惑缠绕着党员、干部，‘温水煮青蛙’现象就会产

---

① 卢卡奇. 历史与阶级意识. 杜章智，任立，燕宏远，译. 北京：商务印书馆，2009：426.

② 中共中央纪律检查委员会，中共中央文献研究室. 习近平关于严明党的纪律和规矩论述摘编. 北京：中央文献出版社，2016：30-31.

生，一些人不知不觉就被人家请君入瓮了。”怎么解决这一问题？首先，增强党内政治生活的政治性、时代性、原则性、战斗性，自觉抵制商品交换原则对党内生活的侵蚀，营造风清气正的良好政治生态。其次，要从制度上确立当官与发财之间的界限。习近平总书记指出，当官发财两条道，当官就不要发财，发财就不要当官。最后，防止被利益集团俘获。领导干部严格自律，要注重防范被利益集团“围猎”，坚持公正用权、谨慎用权、依法用权，坚持交往有原则、有界限、有规矩。

## 五、在改革中解放思想，以新思想推动新时代

1978 年 12 月召开的党的十一届三中全会推动中国进入改革开放新时期。40 多年来，改革开放时而似雷霆万钧的高速列车奔驰在中华大地上，时而似冲天的火山喷发冲刷着社会的地貌，时而似和煦的微风温暖着人们的心灵；40 多年来，思想解放有时似急风暴雨荡涤着极左教条和陈旧的观念，有时似春风化雨浇灌着新理念的田园，有时似滔滔江水冲决着阻碍中国前行的堰垒。思想在改革开放中更新，改革开放在解放思想中疾走，两者相互交映，构成了一幅宏大俊美的当代“清明上河图”。

### （一）解放思想成为改革开放的理论先声

中国的改革开放是以充分的思想解放为前提的。在党的十一届三中全会之前，我们从两个方面进行了思想解放。首先，进行了广泛的真理标准问题的大讨论。1978 年 5 月 10 日，中央党校内部刊物《理论动态》发表经胡耀邦同志审定的《实践是检验真理的唯一标准》一文。5 月 11 日，《光明日报》以特约评论员名义刊发了这篇文章，新华社向全国转发，在广大干部群众中引起强烈反响，引发了关于真理

标准问题的大讨论。邓小平明确指出了这场讨论的重大意义。他说："目前进行的关于实践是检验真理的唯一标准问题的讨论，实际上也是要不要解放思想的争论。大家认为进行这个争论很有必要，意义很大。从争论的情况来看，越看越重要。一个党，一个国家，一个民族，如果一切从本本出发，思想僵化，迷信盛行，那它就不能前进，它的生机就停止了，就要亡党亡国。这是毛泽东同志在整风运动中反复讲过的。"① 这为改革开放奠定了思想基础。他进一步强调："关于真理标准问题的争论，的确是个思想路线问题，是个政治问题，是个关系到党和国家的前途和命运的问题。"② 没有真理标准问题的大讨论，就不会有思想的解放，我们就很难走上改革开放这一康庄大道。其次，形成了"解放思想，实事求是，团结一致向前看"的政治共识和社会氛围，使改革开放有良好的社会思想基础。1978 年 11 月 10 日，中央在北京召开了工作会议。会议原定 20 多天，实际上开了 36 天。12 月 13 日，在中央工作会议举行的闭幕式上，邓小平发表了题为"解放思想，实事求是，团结一致向前看"的讲话。这次会议为随即召开的党的十一届三中全会做了充分准备，讲话实际上是党的十一届三中全会的主题报告。这一报告的核心内容就是强调解放思想，强调观念的更新，强调打破陈旧的框框。邓小平说：只有思想解放了，我们才能正确地以马列主义、毛泽东思想为指导，解决过去遗留的问题，解决新出现的一系列问题，正确地改革同生产力迅速发展不相适应的生产关系和上层建筑，根据我国的实际情况，确定实现四个现代化的具体道路、方针、方法和措施。党的十五大报告曾经明确指出：讲话是"开辟新时期新道路、开创建设有中国特色社会主义新理论的宣言书"。现在回过头来看，党的十五大的评价是十分科学的。

40 多年来，解放思想发挥出了巨大的历史作用。首先，解放思想使我们挣脱了"左"的束缚，使社会主义走上了生机勃勃的改革道

---

①② 邓小平. 邓小平文选：第 2 卷. 2 版. 北京：人民出版社，1994：143.

路。解放思想使我们以马克思主义的科学态度对待“什么是社会主义、怎样建设社会主义”，得出“贫穷不是社会主义”“发展太慢也不是社会主义”“人民生活长期停止在很低的水平总不能叫社会主义”的结论；更得出了“社会主义的本质，是解放生产力，发展生产力，消灭剥削，消除两极分化，最终达到共同富裕”的论断，推动社会主义事业欣欣向荣地发展。其次，解放思想使我们不断地探索社会主义建设和改革的规律，在遵循规律、把握规律、运用规律的过程中推动中国经济社会跃上一个又一个新台阶。我们强调实事求是的思想路线，强调“摸着石头过河就是摸规律”。2012 年 12 月 31 日下午，十八届中共中央政治局就坚定不移推进改革开放进行第二次集体学习时，习近平总书记明确指出：“摸着石头过河，是富有中国特色、符合中国国情的改革方法。摸着石头过河就是摸规律，从实践中获得真知。摸着石头过河和加强顶层设计是辩证统一的，推进局部的阶段性改革开放要在加强顶层设计的前提下进行，加强顶层设计要在推进局部的阶段性改革开放的基础上来谋划。”40 多年来，我们不仅深刻把握了共产党执政规律、社会主义建设规律、人类社会发展规律以及现代化的一般规律、社会主义现代化的普遍规律、中国社会主义现代化的特殊规律，而且把握了执政规律、共产党执政规律、中国共产党执政规律以及发展背后的经济规律、社会规律、自然规律，从而使中国经济社会又好又快地发展。最后，解放思想极大地开阔了我们的视野，使我们勇敢地打开了对外开放的大门，勇敢迈向了世界市场。2017 年 1 月 17 日，在瑞士达沃斯世界经济论坛 2017 年年会开幕式上的主旨演讲中，习近平说：“当年，中国对经济全球化也有过疑虑，对加入世界贸易组织也有过忐忑。但是，我们认为，融入世界经济是历史大方向，中国经济要发展，就要敢于到世界市场的汪洋大海中去游泳，如果永远不敢到大海中去经风雨、见世面，总有一天会在大海中溺水而亡。所以，中国勇敢迈向了世界市场。在这个过程中，我们呛过水，遇到过漩涡，遇到过风浪，但我们在游泳中学会了游泳。这是正确的战略抉择。”如果当年我们不解放思想，只是担心加入世界贸易组织会给中国带来不利，不加入其中，那我们就像站在大海边的渔夫，又想捕到大鱼，又只是站在岸边甩鱼竿钓鱼，永远不会有好收获。

解放思想不是一蹴而就的，而是一个不断推进的过程，解放思想不仅要突破旧框框，也要突破一些新框框。这里说的新框框是指成功的经验被教条化了、固化了、神圣化了，从而约束了自己的进一步发展。我们必须不断推进思想解放的进程。2018 年 1 月 23 日，习近平总书记主持召开中央全面深化改革领导小组第二次会议并发表重要讲话。他强调，要弘扬改革创新精神，推动思想再解放、改革再深入、工作再抓实，凝聚起全面深化改革的强大力量，在新起点上实现新突破。只有思想再解放了，改革开放才能更深入推进。我们一直强调不断保障和改善民生，促进社会公平正义，让发展成果更多更公平地惠及全体人民。要做到这一点，就要有解放思想的勇气和锐气。

### （二）改革开放为解放思想提供强大实践动力

改革开放提出了无数深层次的现实问题，为思想解放提供了直接要求。改革开放从一开始就提出了很多理论与观念问题。例如，社会主义与资本主义之间的区别是否在于计划与市场，社会主义的本质是不是计划经济，资本主义的本质是不是市场经济？传统的社会主义理论始终强调，市场经济就是资本主义，资本主义政治家和经济学家也坚信这一教条。1991 年，英国前首相撒切尔夫人访华时曾这样说：“社会主义和市场经济不可能兼容，社会主义不可能搞市场经济，要搞市场经济就必须实行资本主义，实行私有化。”是否如此？改革开放提出的重大问题促使我们解放思想，推进理论创新，形成了社会主义市场经济理论。1979 年 11 月，邓小平会见美国不列颠百科全书出版公司编委会副主席吉布尼等。在谈话中，邓小平第一次明确提出社会主义也可以搞市场经济的思想。他指出，“说市场经济只存在于资本主义社会，只有资本主义的市场经济，这肯定是不正确的。社会主义为什么不可以搞市场经济，这个不能说是资本主义。我们是计划经济为主，也结合市场经济，但这是社会主义的市场经济……社会主义也可以搞市场经济”①。40 多年来，我们不仅建立了社会主义市场经济体制，而且完善了社会主义市场经济体制。进入中国特色社会主义新时代，我们更是进一步强调让市场在配置资源中发挥决定性作用，各种市场主体纷纷涌现，社会创造力蓬勃发展。

改革开放提出了无数未来的问题，为思想解放提供了方向和趋势。改革开放只有进行时没有完成时，中国的改革开放永远是面向未来的改革开放。习近平总书记在 2014 年就指出：“人无远虑，必有近忧。全面建成小康社会之后路该怎么走？如何跳出‘历史周期率’、实行长期执政？如何实现党和国家长治久安？这些都是需要我们深入思考的重大问题。”② 每一个问题都为思想解放提供了方向。全面建成小康社会之后路该怎么走？党的十九大提出“分两步走”的设想：第一个阶段，从 2020 年到 2035 年，在全面建成小康社会的基础上，再奋斗十五年，基本实现社会主义现代化；第二个阶段，从 2035 年到本世纪中叶，在基本实现现代化的基础上，再奋斗十五年，把我国建成富强民主文明和谐美丽的社会主义现代化强国。如何跳出“历史周期率”、实行长期执政？我们党形成了新时代党的建设总要求的思想：坚持和加强党的全面领导，坚持党要管党、全面从严治党，以加强党的长期执政能力建设、先进性和纯洁性建设为主线，以党的政治建设为统领，以坚定理想信念为根基，以调动全党积极性、主动性、创造性为着力点，全面推进党的政治建设、思想建设、组织建设、作风建设、纪律建设，把制度建设贯穿其中，深入推进反腐败斗争，不断提高党的建设质量，把党建设成为始终走在时代前列、人民衷心拥护、勇于自我革命、经得起各种风浪考验、朝气蓬勃的马克思主义执政党。如何实现党和国家长治久安？我们党形成了“三基本”的思想：坚持中国特色社会主义基本理论、基本路

---

① 邓小平. 邓小平文选：第 2 卷. 2 版. 北京：人民出版社，1994：236.

② 中共中央文献研究室. 习近平关于社会主义政治建设论述摘编. 北京：中央文献出版社，2017：84.

线、基本方略。中国特色社会主义基本理论就是马克思列宁主义、毛泽东思想、邓小平理论、“三个代表”重要思想、科学发展观以及习近平新时代中国特色社会主义思想，这是我们实现党和国家长治久安的思想基础；中国特色社会主义基本路线就是“一个中心、两个基本点”，就是以经济建设为中心，坚持思想四项基本原则、坚持改革开放，这是党和国家长治久安的生命线、人民的幸福线；中国特色社会主义基本方略是“十四个坚持”，基本方略是对共产党执政规律、社会主义建设规律、人类社会发展规律全新认识的结晶，是全党全国各族人民进行艰苦理论探索的成果，这是我们实现党和国家长治久安的根本保证。

### （三）在深化改革和扩大开放中进一步解放思想

中国特色社会主义进入新时代，改革开放进入新时代，解放思想也进入新时代。中国特色社会主义新时代是建设富强民主文明和谐美丽的社会主义现代化强国的时代，要成为综合实力和国际影响力领先的国家，就要大力培养一批批能在国际社会产生重要影响的思想家。2 000 多年前，中国给世界贡献了老子、孔子、墨子、庄子、孟子、孙子、荀子、管子、韩非子等伟大的思想家，一直深刻地影响当今世界。当代中国不仅要给世界贡献裤子、帽子、鞋子、袜子以及缝纫机、电视机、汽车发动机，还要给世界贡献更多的思想家。要围绕我国和世界发展面临的重大问题，着力提出能够体现中国立场、中国智慧、中国价值的理念、主张、方案。我们不仅要让世界知道“舌尖上的中国”，还要让世界知道“学术中的中国”“理论中的中国”“哲学社会科学中的中国”，让世界知道“发展中的中国”“开放中的中国”“为人类文明做贡献的中国”。

改革开放事业的日新月异和波澜壮阔，带来的是颠覆我们想象力的宏大叙事式的思想解放。改革不断迈向纵深，开放不断走向全面，改革开放提出的新问题越来越多、越来越大、越来越复杂，我们的思想必须有更加系统、更加深刻的解放。首先，人民对美好生活的向往要求我们大胆解放思想。在社会主义条件下，社会应该“给所有的人提供健康而有益的工作，给所有的人提供充裕的物质生活和闲暇时间，给所有的人提供真正的充分的自由”[①]。这就需要我们以全新的视野推进社会主义制度的完善，使各方面的制度能够保证这一目标的实现。其次，新时代推进社会主义市场经济完善需要我们大胆解放思想。社会主义市场经济已经走过近30年的历程，社会主义基本制度与市场配置资源优势相互结合，推动中国经济迅速发展起来。同时，一系列复杂的难题摆在我们面前，市场在配置资源发挥决定性作用的过程中有可能拉大收入分配差距，政府如何在二次分配、三次分配中有效缩小差距，需要我们解放思想，不能停留在以前解决问题的办法上。社会主义市场经济发展到今天，不仅仅要处理好政府与市场的关系，更要解决好党与市场经济的关系，不断提高党驾驭社会主义市场经济的能力。在我国，党的坚强有力领导不仅是政府发挥作用的根本保证，而且是使市场在配置资源中发挥决定性作用的根本保证。

## 六、弘扬好中华民族伟大精神，塑造出伟大的时代精神

2018年3月20日，在第十三届全国人民代表大会第一次会议上的讲话中，习近平总书记阐明了中国人民是具有伟大创造精神的人民、是具有伟大奋斗精神的人民、是具有伟大团结精神的人民、是具有伟大梦想精神的人民，这是对中华民族伟大精神新的阐释，对于实现中华民族伟大复兴意义重大。

### （一）中华民族伟大精神是以非凡创造性著称的精神

这种非凡创造不仅体现在物质文明上，而且体现在精神文明上，

① 马克思，恩格斯．马克思恩格斯全集：第21卷．北京：人民出版社，1965：570.

体现在制度文明上。就物质文明而言，中国古代的四大发明深刻影响了世界的发展。1620 年，英国思想家培根在《新工具》一书中就指出：印刷术、火药、指南针曾改变整个世界。变化如此之大，以至没有一个帝国，没有一个教派，没有一个赫赫有名的人物，能比这三种发明在人类事业中产生更大的力量和影响。过了 240 多年，马克思在《经济学手稿（1861—1863 年）》中更加明确指出：“**火药、指南针、印刷术**——这是预告资产阶级社会到来的三大发明。火药把骑士阶层炸得粉碎，指南针打开了世界市场并建立了殖民地，而印刷术则变成新教的工具，总的来说变成科学复兴的手段，变成对精神发展创造必要前提的最强大的杠杆。”[①] 这段讲话，习近平总书记在 2016 年 5 月 30 日的全国科技创新大会、两院院士大会、中国科协第九次全国代表大会上的讲话中专门进行了引用。在当代中国，物质文明创造更加日新月异。

就精神文明而言，中国不仅产生了老子、孔子、庄子、孟子、墨子、孙子、管子、荀子、韩非子等影响至今的伟大思想巨匠，而且创作了《诗经》、《楚辞》、汉赋、唐诗、宋词、元曲、明清小说等伟大文艺作品和《格萨尔王》《玛纳斯》《江格尔》等震撼人心的伟大史诗。

就制度文明而言，中国人春秋战国时代发明了郡县制，秦汉确立了郡县制，这不仅是中国行政管理体制的一次重大改革，更是中国古代社会进步与发展进程中政治制度建设的一次史无前例的非凡创新。这一点，英国 20 世纪著名历史学家汤因比在其《历史研究》（插图本）中有精彩评价。他说：“希腊化城市市民和中国农民建立的行政体制可能是迄今世界上最精妙的两种世俗制度。……罗马帝国行政体制在奥古斯都建立后的第 7 个世纪就土崩瓦解了，而汉朝的行政体制比它早 150 年，却一直延续到 1911 年。”这一体制有效地维护了中华文明的稳定性。

---

① 马克思，恩格斯. 马克思恩格斯全集：第 47 卷. 北京：人民出版社，1979：427.

## （二）中华民族伟大精神是以卓绝奋斗著称的精神

这种卓绝奋斗不仅体现在开发和建设了祖国辽阔秀丽的大好河山，而且体现在建设了星罗棋布的城镇乡村。为了治理桀骜不驯的千百条大江大河，早在秦代以前，中国古人就修建了都江堰、郑国渠等大型水利工程。在隋朝，开通了一条纵贯南北的大运河，成为世界上最伟大的工程之一。2017 年 10 月，在墨西哥城召开的世界灌排委员会执行大会上，宁夏引黄古灌区、陕西汉中三堰、福建黄鞠灌溉工程 3 处古代水利工程被确认成功申报世界灌溉工程遗产并授牌。在当代中国，“南水北调”工程成为战略性工程。历经 50 年论证、10 多年建设，2013 年 5 月 30 日，南水北调东线一期工程江苏段成功试通水。2014 年 12 月 12 日，中线一期工程全面通水。“南水北调”工程成为造福亿万中国人民的利民工程。

为了使生活更加美好，中国古人就创建了很多产业。以丝绸产业为例，商代开始出现绮、纱、缣、纨、縠、罗等品种，西周时期产生了用两种以上的彩丝提花的重经织物“经锦”，战国时期丝织品的纹饰从几何纹发展为动物纹，色彩更加丰富，丝织技术日益完善；古代中国钢铁冶炼铸造技术发达，质量和产量在 16 世纪以前一直领先世界。改革开放以来，中国人在产业领域奋发进取，在世界 500 多种主要工业产品当中，中国有 220 多种产品产量居世界第一。党的十八大以来，我们实施《中国制造 2025》，推进工业强基、智能制造、绿色制造等重大工程，先进制造业加快发展。

为了使生活更加便利，中国古代就发展了很多市镇。唐代长安城面积超过 80 平方公里，人口超过 100 万，东西两市十分繁荣，诗人岑参就有“长安城中百万家”的诗句。习近平在庆祝改革开放 40 周年大会上的讲话中也指出：中华民族曾经谱写了万里驼铃万里波的浩浩丝路长歌，也曾经创造了万里衣冠会长安的盛唐气象。北宋时，国家税收峰值达到 1.6 亿贯，是当时世界上最富裕的国家。那个时候，伦敦、巴黎、威尼斯、佛罗伦萨的人口都不足 10 万，而我国拥有 10

万人口以上的城市近 50 个。南宋时期，随着水路交通和商业的发达，长江两岸还出现了大批的市镇。临安属县有 15 个市镇，建康城外有 14 个市镇，江陵府沙市和太平州黄池镇是“客商所聚”的著名市镇，泸州各县也有 50 多个市镇。当代中国，新型城镇化加快发展，城镇化率从 2012 年的 52.6%提高到 2017 年的 58.5%，近 60%人口居住在城镇。我们走中国特色社会主义乡村振兴道路，实施乡村振兴战略，到 2020 年，乡村振兴取得重要进展，制度框架和政策体系基本形成；到 2035 年，乡村振兴取得决定性进展，农业农村现代化基本实现；到 2050 年，乡村全面振兴，农业强、农村美、农民富全面实现。

### （三）中华民族伟大精神是以空前凝聚交融著称的精神

这种凝聚交融不仅体现在建立了统一的多民族国家，而且体现在一次又一次共同书写了保卫祖国、抵御外侮的壮丽史诗。多民族是我国一大特色，也是我国发展的一大有利因素。这一特色和有利因素是各个民族在长期历史发展中共同创造的。习近平总书记在 2014 年 9 月 28 日召开的中央民族工作会议上的讲话中指出：“在我国 5 000 多年文明发展史上，曾经有许多民族登上过历史舞台。这些民族经过诞育、分化、交融，最终形成了今天的 56 个民族。各民族共同开发了祖国的锦绣河山、广袤疆域，共同创造了悠久的中国历史、灿烂的中华文化。秦汉雄风、盛唐气象、康乾盛世，是各民族共同铸就的辉煌。可以说，多民族的大一统，各民族多元一体，是老祖宗留给我们的一笔重要财富，也是我们国家的一个重要优势。”[①] 秦始皇统一中国后，百越正式成为汉民族大家庭的一员，促进了岭北及岭南人民的融合及岭南社会政治、经济和文化的发展，奠定了中国统一多民族中央集权国家的基本格局。当今中国，各个民族和谐共处，像石榴籽一样紧紧抱在一起，共同为实现中华民族伟大复

---

① 习近平．习近平谈治国理政：第 2 卷．北京：外文出版社，2017：299.

兴而奋斗。

中华民族在5 000多年历史发展过程中，遇到了无数艰难困苦，但总能化险为夷，一个重要原因就是越是困苦，我们民族的凝聚力越是强大。特别是鸦片战争以后，中华民族遇到了“千年未有之大变局”，外来侵略加深，中华民族到了最危急的时候。在这种情况下，我国各族人民紧密团结在一起，在中国共产党领导下，浴血奋战，打败了穷凶极恶的侵略者，捍卫了民族独立和自由，建立了中华人民共和国，创造性地实现由新民主主义到社会主义的转变，使各个民族共同进入社会主义社会，实现了中国历史上最广泛最深刻的社会变革。我们党团结带领中国人民进行改革开放新的伟大革命，实现了中国人民从站起来、富起来到强起来的伟大飞跃。

### （四）中华民族伟大精神是充满着绵延不绝梦想的精神

这种精神既体现在5 000多年文明史中，也体现在近代以来的历史中。当前，中国正处在全面建成小康社会的决胜阶段。小康的梦想不仅是一个百年梦想，更是千年梦想。小康，最早源出《诗经》：“民亦劳止，汔可小康。”大意是百姓倘若也能有劳有休，就可以说接近小康水平了。而作为一种社会模式，小康最早在西汉儒家经典《礼记·礼运》中得到系统论述。到了东汉末年，儒家的代表人物何休的《春秋公羊解诂》提出，社会的发展要有三个阶段：衰乱世——升平世——太平世。其中第二阶段即升平世就等于是“小康社会”。可以讲，小康的理想是千百年来中国人的一个梦想。1979年12月6日，邓小平在会见日本首相大平正芳时使用“小康”来描述中国式的现代化。他说：“我们要实现的四个现代化，是中国式的四个现代化。我们的四个现代化的概念，不是像你们那样的现代化的概念，而是‘小康之家’。到本世纪末，中国的四个现代化即使达到了某种目标，我们的国民生产总值人均水平也还是很低的。要达到第三世界中比较富裕一点的国家的水平，比如国民生产总值人均一千美元，也还得付出很大的努力。所以，我只能说，中国到那时也还是一个小康的状态。”[①] 2000 年，党的十五届五中全会提出我们进入全面建设小康社会时期。党的十六大提出到 2020 年全面建成小康社会。这里的“全面”意味着什么呢？全面建设小康社会、全面建成小康社会中的“全面”含义是十分丰富的：（1）全面意味着小康不仅仅是物质上的小康，还有精神上的“小康”、政治上的“小康”、法治上的“小康”、信用上的“小康”、生态环境上的“小康”等，它要涵括社会各个层面，仅有一个层面的“小康”不叫全面建成小康。（2）全面意味着全国所有的地区都实际上超过了小康的最低标准线。（3）全面意味着全国绝大部分人的实际收入水平都超过了小康的底线，也就是中等收入群体不断扩大，消灭了绝对贫困。

党的十七大报告提出了全面建设小康社会的新要求。在党的十八大报告中，胡锦涛明确又提出了全面建成小康社会的要求。党的十八届五中全会提出了全面建成小康社会新的目标要求。（1）经济保持中高速增长。在提高发展平衡性、包容性、可持续性的基础上，到 2020 年国内生产总值和城乡居民人均收入比 2010 年翻一番。产业迈向中高端水平，先进制造业加快发展，新产业新业态不断成长，服务业比重进一步上升，消费对经济增长贡献明显加大。（2）人民生活水平和质量普遍提高。就业比较充分，就业、教育、文化、社保、医疗、住房等公共服务体系更加健全，基本公共服务均等化水平稳步提高。我国现行标准下农村贫困人口实现脱贫，贫困县全部摘帽，解决区域性整体贫困。（3）国民素质和社会文明程度显著提高。中国梦和社会主义核心价值观更加深入人心，爱国主义、集体主义、社会主义思想广泛弘扬，向上向善、诚信互助的社会风尚更加浓厚，人民思想道德素质、科学文化素质、健康素质明显提高，全社会法治意识不断增强。（4）生态环境质量总体改善。生产方式和生活方式绿色、低碳水平上升。能源资源开发利用效率大幅提高，能源和水资源消耗、建

---

① 邓小平．邓小平文选：第 2 卷．2 版．北京：人民出版社，1994：237．

设用地、碳排放总量得到有效控制，主要污染物排放总量大幅减少。（5）各方面制度更加成熟更加定型。国家治理体系和治理能力现代化取得重大进展，各领域基础性制度体系基本形成。人民民主更加健全，法治政府基本建成，司法公信力明显提高。人权得到切实保障，产权得到有效保护。

党的十九大报告明确指出：从现在到2020年，是全面建成小康社会决胜期。要按照党的十六大、十七大、十八大提出的全面建成小康社会各项要求，紧扣我国社会主要矛盾变化，统筹推进经济建设、政治建设、文化建设、社会建设、生态文明建设，坚定实施科教兴国战略、人才强国战略、创新驱动发展战略、乡村振兴战略、区域协调发展战略、可持续发展战略、军民融合发展战略，突出抓重点、补短板、强弱项，特别是要坚决打好防范化解重大风险、精准脱贫、污染防治的攻坚战，使全面建成小康社会得到人民认可、经得起历史检验。

《礼记·礼运》对未来社会做了十分细致的勾勒：“大道之行也，天下为公，选贤与能，讲信修睦，故人不独亲其亲，不独子其子，使老有所终，壮有所用，幼有所长，矜寡孤独废疾者，皆有所养。”在中国特色社会主义制度的基础上，我们正在幼有所育、学有所教、劳有所得、病有所医、老有所养、住有所居、弱有所扶上不断取得新进展。2 000多年前的法家代表人物韩非子也描绘了其理想的国家与社会图景，即“至安之世”：“故车马不疲弊于远路，旌旗不乱于大泽，万民不失命于寇戎，雄骏不创寿于旗幢；豪杰不著名于图书，不录功于盘盂，记年之牒空虚。故曰：利莫长于简，福莫久于安。”我们现在正在建设法治中国，从法治的角度保障公平正义的实现。习近平总书记在向党的十八届四中全会做的关于《中共中央关于全面推进依法治国若干重大问题的决定》的说明中讲道：“我曾经引用过英国哲学家培根的一段话，他说：‘一次不公正的审判，其恶果甚至超过十次犯罪。因为犯罪虽是无视法律——好比污染了水流，而不公正的审判则毁坏法律——好比污染了水源。’这其中的道理是深刻的。如果司法这道防线缺乏公信力，社会公正就会受到普遍质疑，社会和谐稳定就难以保障。”①

中华民族的梦想不仅源远流长，而且超越百年、千年，还体现了人类对美好生活的追求，具有强大生命力。中华民族宏大的梦想不是乌托邦，是能够实现的美好理想，因为中华民族从来都是踏踏实实为梦想而努力。盘古开天、女娲补天、伏羲画卦、神农尝草、夸父追日、精卫填海、愚公移山等古代神话反映了中国人为梦想而奋斗的执着，毛泽东的“到中流击水，浪遏飞舟”“敢教日月换新天”、周恩来的“面壁十年图破壁，难酬蹈海亦英雄”、朱德的“锦绣河山收拾好，万民尽作主人翁”的思想反映了共产党人为梦想而奋斗的精神。

① 习近平. 关于《中共中央关于全面推进依法治国若干重大问题的决定》的说明. 人民日报，2014-10-29.

# “认识中国·了解中国”书系

| | |
|---|---|
| 中国智慧：十八大以来中国外交（中文版、英文版） | 金灿荣 |
| 中国治理：东方大国的复兴之道（中文版、英文版） | 燕继荣 |
| 中国声音：国际热点问题透视（中文版、英文版） | 中国国际问题研究院 |
| 大国的责任（中文版、英文版） | 金灿荣 |
| 中国的未来（中文版、英文版） | 金灿荣 |
| 中国的抉择（中文版、英文版） | 李景治 |
| 中国之路（中文版、英文版） | 程天权 |
| 中国人的价值观（中文版、英文版） | 宇文利 |
| 中国共产党就是这样成功的（中文版、英文版） | 杨凤城 |
| 中国经济发展的轨迹 | 贺耀敏 |
| 当代中国人权保障 | 常　健 |
| 当代中国农村 | 孔祥智 |
| 教育与未来——中国教育改革之路（中文版、英文版） | 周光礼　周　详 |
| 当代中国教育 | 顾明远 |
| 全球治理的中国担当 | 靳诺 等 |
| 中国道路能为世界贡献什么（中文版、英文版、俄文版、法文版、日文版） | 韩庆祥　黄相怀 |
| 时代大潮和中国共产党（中文版、英文版、法文版、日文版） | 李君如 |
| 社会主义核心价值观与中国文化国际传播 | 韩　震 |
| 我眼中的中韩关系 | ［韩］金胜一 |
| 中国人的理想与信仰（中文版、英文版） | 宇文利 |
| 改革开放与当代中国智库 | 朱旭峰 |
| 当代中国政治（中文版、英文版） | 许耀桐 |
| 当代中国社会：基本制度和日常生活（中文版、英文版） | 李路路　石磊 等 |

| | |
|---|---|
| 国际关注·中国声音（中文版、英文版） | 本书编写组 |
| 中国大视野 2——国际热点问题透视 | 中国国际问题研究院 |
| 中国大视野——国际热点问题透视 | 中国国际问题研究所 |
| 中国新时代（中文版、英文版） | 辛向阳 |
| 构建人类命运共同体（修订版） | 陈岳　蒲俜 |
| 新时代中国声音：国际热点问题透视 | 中国国际问题研究院 |
| 中国生态文明新时代 | 张云飞 |
| 当代中国扶贫（中文版、英文版） | 汪三贵 |
| 当代中国行政改革 | 麻宝斌　郝瑞琪 |
| 当代中国文化的魅力 | 金元浦 |
| 城镇化进程中的中国伦理变迁 | 姚新中　王水涣 |
| 数字解读中国：中国发展坐标与发展成就（中文版、英文版） | 贺耀敏 |
| 中国改革和中国共产党 | 李君如 |
| 中国经济：持续释放大国的优势和潜力 | 张占斌 |
| 对话中国（中文版、英文版） | 本书编写组 |
| 中国的持续快速增长之道 | ［巴基］马和励 |
| 中国新时代（中文版、英文版） | 辛向阳 |
| 中国之治的制度密码 | 靳诺　刘伟 |
| 民族复兴的制度蓝图 | 靳诺　刘伟 |
| 中国之治：国家治理能力和治理现代化十五讲 | 杨开峰等 |

**图书在版编目（CIP）数据**

中国新时代/辛向阳著. --北京：中国人民大学出版社，2020.10
（“认识中国·了解中国”书系）
ISBN 978-7-300-26576-6

Ⅰ.①中… Ⅱ.①辛… Ⅲ.①习近平新时代中国特色社会主义思想-通俗读物 Ⅳ.①D610-49

中国版本图书馆 CIP 数据核字（2020）第 175748 号

国家出版基金项目
“十三五”国家重点出版物出版规划项目
“认识中国·了解中国”书系
**中国新时代**
辛向阳　著
Zhongguo Xinshidai

| | | | |
|---|---|---|---|
| **出版发行** | 中国人民大学出版社 | | |
| **社　　址** | 北京中关村大街 31 号 | **邮政编码** | 100080 |
| **电　　话** | 010－62511242（总编室） | | 010－62511770（质管部） |
| | 010－82501766（邮购部） | | 010－62514148（门市部） |
| | 010－62515195（发行公司） | | 010－62515275（盗版举报） |
| **网　　址** | http://www.crup.com.cn | | |
| **经　　销** | 新华书店 | | |
| **印　　刷** | 涿州市星河印刷有限公司 | | |
| **规　　格** | 170 mm×240 mm　16 开本 | **版　　次** | 2020 年 10 月第 1 版 |
| **印　　张** | 10.25 | **印　　次** | 2020 年 10 月第 1 次印刷 |
| **字　　数** | 136 000 | **定　　价** | 48.00 元 |